Jacques GAMISA
Jean-François MARZ

La Flore endémique de la Corse

Ouvrage publié avec le concours du ministère de l'Environnement et de l'office de l'Environnement de la Corse

EDISUD

ISBN 2-85744-777-9

AVANT-PROPOS

La Corse apparaît comme une île singulière sous bien des aspects. Le paysage végétal insulaire n'échappe pas à ce particularisme : il est très varié et peut évoquer tantôt la Provence ou l'Afrique du Nord, tantôt le Pays Basque ou les Alpes, mais on y reconnaît très vite un charme local bien particulier, souvent sévère. Certains végétaux marquent largement (par leur abondance) cette identité : l'aulne odorant et le pin laricio, propres à la Corse, sont caractéristiques des montagnes insulaires. Bien d'autres espèces végétales, localisées pour certaines strictement à la Corse et pour d'autres à la Corse et à des territoires voisins, contribuent aussi à l'accentuer. Ces plantes à répartition restreinte constituent ce que l'on nomme la "flore endémique de la Corse". Cette flore endémique est un objet d'étude très intéressant pour les scientifiques, qui essaient d'établir son origine et de proposer des hypothèses sur les vicissitudes géologiques et évolutives qui ont conduit ces espèces sur leur territoire actuel. C'est aussi un patrimoine végétal d'une grande valeur qu'il convient de protéger tout particulièrement, étant donné son extrême localisation. Les Corses en sont dépositaires et ont donc là une vraie responsabilité à assumer.

Pour son intérêt scientifique et sa valeur patrimoniale, il est apparu important de faire mieux connaître cette flore endémique corse. Lorsque Jean-François Marzocchi, Corse et naturaliste, m'a montré les magnifiques photographies qu'il a pu réaliser de bon nombre des plantes endémiques de l'île, j'ai pensé que c'était là l'occasion de mettre la connaissance de cette flore très intéressante à la portée d'un large public. L'aide financière du ministère de l'Environnement et de l'office de l'Environnement de la Corse nous y a aidés.

Après une brève présentation géographique, climatique et géologique de la Corse, des données générales sur la flore et la végétation de l'île sont exposées. Les espèces endémiques sont ensuite présentées en fonction des grands types de milieux, en commençant par le littoral et en s'élevant dans les divers étages de végétation jusqu'aux plus hauts sommets. La flore endémique des bords de rivières et celle qui est présente dans un très grand nombre de milieux sont traitées à part, à la suite. Chaque espèce illustrée par une photographie est présentée avec son nom latin, son nom corse (lorsqu'il est connu), son nom français, l'indication de la famille, la période optimale de floraison, son aire géographique, son indice de rareté, son écologie et sa répartition en Corse. À la fin de l'ouvrage figure la liste exhaustive des plantes endémiques (y compris celles qui n'ont pu faire l'objet de photographies), avec des données plus techniques comme le type biologique, le nombre chromosomique et les unités phytosociologiques concernant la végétation où elles sont présentes. Nous espérons satisfaire ainsi la curiosité des Corses mêmes comme celle des naturalistes et des scientifiques s'intéressant à cette flore.

J. G., 28 novembre 1995

LA CORSE

SITUATION GÉOGRAPHIQUE

Grande île méditerranéenne de 8 748 km^2, la Corse se situe à des latitudes (entre 41° et 43° de latitude nord (voir fig. 3) sensiblement identiques à celles des Pyrénées et de la partie moyenne des Apennins (Abruzzes, Gran Sasso d'Italia). Allongée dans le sens nord-sud, elle est distante de la Provence d'environ 160 km, tandis que 82 km la séparent de la Toscane et 12 km seulement de la Sardaigne, la grande île sœur. Dans son voisinage, il faut noter aussi les îles et îlots de l'archipel toscan : Elbe, Capraia, Gorgona, Pianosa, Montecristo, Giglio. Le bras de mer entre la Corse et la Sardaigne (Bouches de Bunifaziu) est peu profond ; celui qui la sépare de l'archipel toscan est plus marqué (400 à 500 m de profondeur) ; ailleurs, les fonds bordant la Corse sont importants (jusqu'à 2 500 m).

RÉGIONS NATURELLES, RELIEF, HYDROGRAPHIE

Véritable montagne dans la mer, la Corse offre un certain nombre de grandes régions naturelles qui correspondent à divers ensembles géologiques (voir fig. 2).

LA CORSE CRISTALLINE

Elle représente la plus grande partie de l'île (sud, centre, nord-ouest). Constituée de granites, gneiss ou rhyolites, c'est elle qui comprend les principaux reliefs, alignés du nord-nord-ouest au sud-sud-est. Le massif rhyolitique du Cintu porte le point culminant de la Corse (Monte Cintu, 2 710 m), mais aussi une importante série de sommets dépassant 2 500 m (Capu Biancu, Punta Minuta, Capu Largia, Capu Falu, Paglia Orba). Le massif du Ritondu est essentiellement granitique et encore relativement élevé avec le Monte Ritondu (2 625 m) et divers sommets dépassant 2 300 m (Monte Cardu, Punta Lattoniccia, Petra Niella, Punta à I Ciotti, A Maniccia, Monte d'Oru). Plus au sud, le massif granitique du Monte Rinosu atteint encore 2 357 m. Les montagnes s'abaissent ensuite quelque peu. Le massif de l'Incùdine (Monte Incùdine ou Alcùdine, 2 136 m) est le plus méridional à porter de nettes traces de glaciations. Les aiguilles granulitiques de Bavella culminent seulement vers 1 900 m, mais constituent un des reliefs les plus accidentés de la Corse, avec des ravins vertigineux. Le massif de l'Uspidali, qui leur fait suite, a des formes bien plus douces. Dernier relief notable vers le sud, le Monte di Cagna est caractérisé par d'énormes chaos granitiques qui atteignent 1 338 m d'altitude à la Punta d'Ovace. La crête de cette grande chaîne sépare la "Corse d'en deçà des monts" (Cismonte, au nord-est) de la "Corse d'au-delà des monts" (Pumonte, au sud-ouest), avec, entre les deux, des cols relativement élevés (Vèrghju, 1 484 m ; Bocca di Vizzavona, 1 164 m ; Bocca di Sorba, 1 364 m ; Bocca di Verde, 1 283 m).

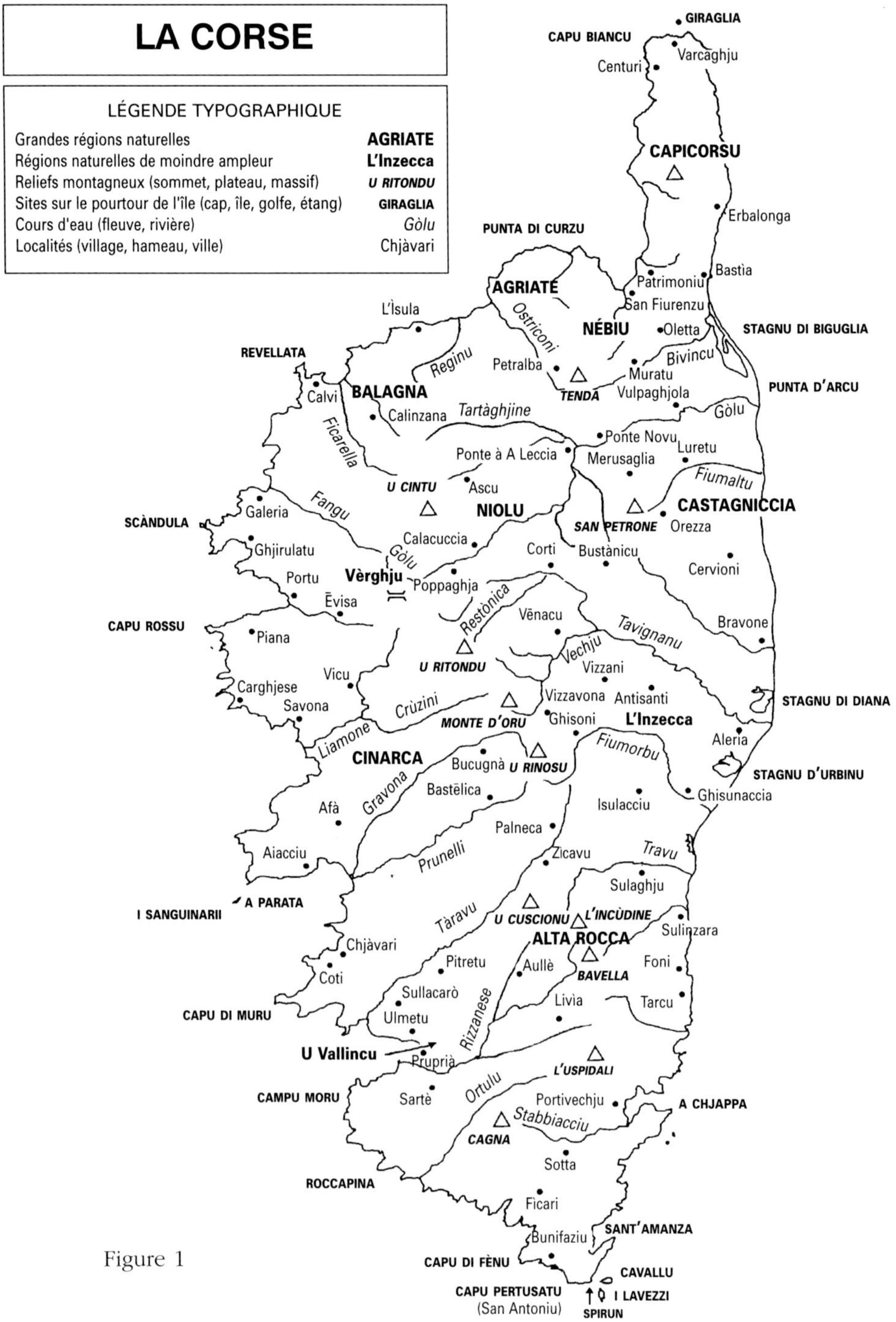

LA CORSE
LÉGENDE TYPOGRAPHIQUE
Grandes régions naturelles AGRIATE
Régions naturelles de moindre ampleur L'Inzecca
Reliefs montagneux (sommet, plateau, massif) U RITONDU
Sites sur le pourtour de l'île (cap, île, golfe, étang) GIRAGLIA
Cours d'eau (fleuve, rivière) Gòlu
Localités (village, hameau, ville) Chjàvari
GIRAGLIA
CAPU BIANCU
Varcaghju
Centuri
CAPICORSU
Erbalonga
PUNTA DI CURZU
Bastìa
Patrimoniu
AGRIATE
San Fiurenzu
L'Ìsula
Ostriconi
NÉBIU
Oletta
STAGNU DI BIGUGLIA
REVELLATA
Reginu
Petralba
Bivincu
Muratu
PUNTA D'ARCU
Calvi
BALAGNA
TENDA
Vulpaghjola
Calinzana
Tartàghjine
Gòlu
Ficarella
Ponte Novu
Ponte à A Leccia
Luretu
Merusaglia
Fiumaltu
U CINTU
Ascu
Galeria
Fangu
NIOLU
CASTAGNICCIA
SCÀNDULA
SAN PETRONE
Orezza
Calacuccia
Ghjirulatu
Gòlu
Corti
Bustànicu
Cervioni
Portu
Vèrghju
Poppaghja
Èvisa
Restònica
Vènacu
CAPU ROSSU
Tavignanu
Bravone
Piana
U RITONDU
Vechju
Vizzani
Vicu
Carghjese
Vizzavona
Antisanti
STAGNU DI DIANA
Savona
Crùzini
MONTE D'ORU
Ghisoni
L'Inzecca
Liamone
Aleria
Fiumorbu
CINARCA
Bucugnà
U RINOSU
STAGNU D'URBINU
Gravona
Bastèlica
Ghisunaccia
Afà
Isulacciu
Palneca
Aiacciu
Prunelli
Zìcavu
Travu
Sulaghju
A PARATA
I SANGUINARII
Tàravu
U CUSCIONU
L'INCÙDINE
Sulinzara
ALTA ROCCA
Chjàvari
Pitretu
Aullè
Foni
Coti
BAVELLA
Sullacarò
Rizzanese
Lìvia
Tarcu
CAPU DI MURU
Ulmetu
U Vallincu
Prupriā
L'USPIDALI
CAMPU MORU
Sartè
Ortulu
Portivechju
A CHJAPPA
Stabbiacciu
CAGNA
Sotta
ROCCAPINA
Ficari
Bunifaziu
SANT'AMANZA
CAPU DI FÈNU
CAVALLU
CAPU PERTUSATU
(San Antoniu)
SPIRUN
I LAVEZZI

Figure 1

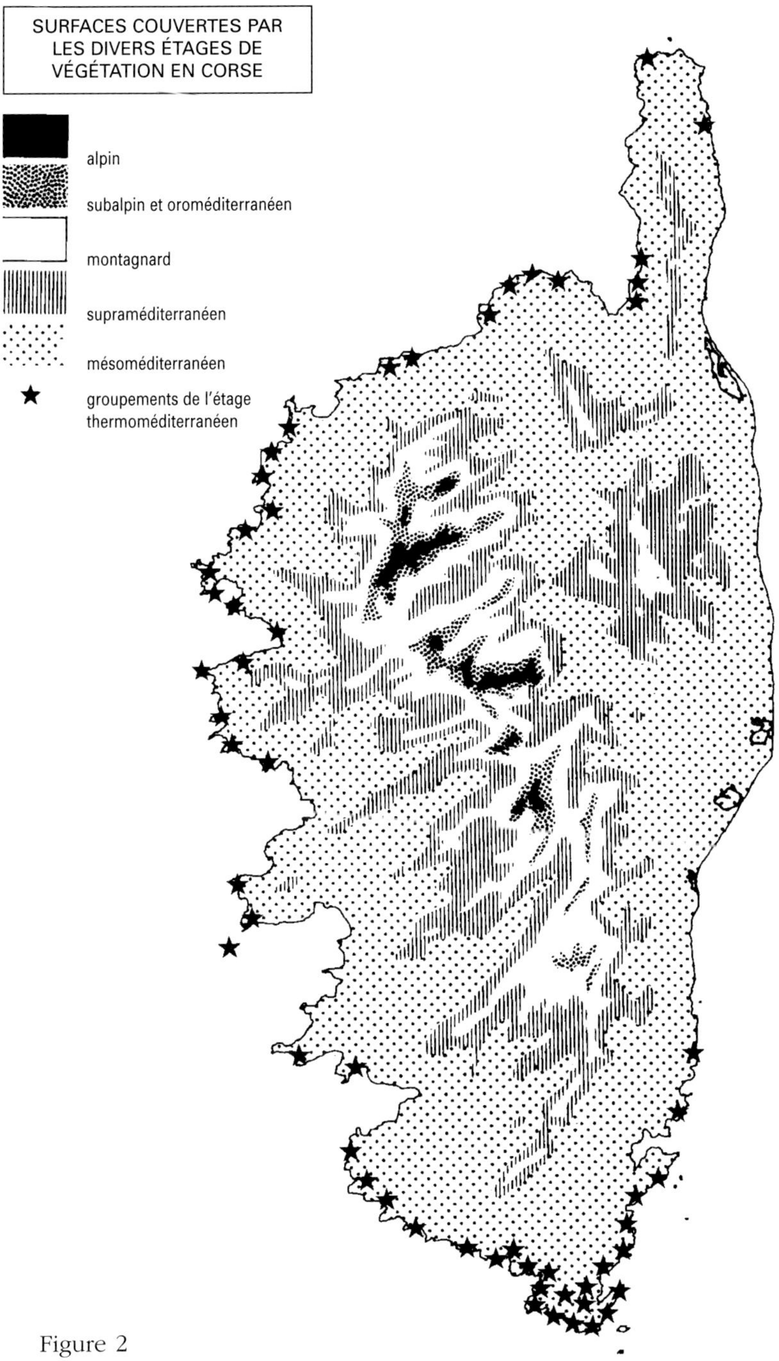
SURFACES COUVERTES PAR LES DIVERS ÉTAGES DE VÉGÉTATION EN CORSE
alpin
subalpin et oroméditerranéen
montagnard
supraméditerranéen
mésoméditerranéen
groupements de l'étage thermoméditerranéen

Figure 2

C'est dans cet ensemble que prennent naissance les principaux fleuves de Corse : Gòlu, Tavignanu, Liamone, Gravona, Prunelli, Tàravu. Descendant de fortes pentes, ils se comportent comme de véritables torrents presque jusqu'à la mer. Certains ont toutefois un cours un peu plus calme et des berges terreuses dans la partie tout à fait inférieure de leur vallée (Gòlu, Tavignanu, Liamone).

La Corse alpine

Localisée dans le nord-est de l'île, elle est constituée de schistes lustrés (avec des intrusions de gabbros et serpentines) qui forment des reliefs adoucis moins élevés et moins abrupts que ceux de la Corse cristalline. Au nord, la chaîne du Cap Corse culmine à "Cima di E Folicce" (1 322 m). Le fleuve Bivincu la sépare du massif de Tenda (1 533 m au Monte Astu). La vallée du Gòlu fait la transition vers le massif du San Petrone, le plus élevé de cet ensemble. La chaîne centrale du Monte San Petrone (1 766 m) est bordée à l'ouest par le chaînon du Monte Pianu Maiò (1 580 m) et à l'est par la chaîne du Monte di E trè Pieve (1 284 m) avec laquelle elle délimite le haut bassin du Fiumaltu. Ce bassin, riche en bois de châtaignier, aulne cordé et charme-houblon, est appelé Castagniccia.

Le sillon central

Ce sillon sépare la Corse alpine de la Corse cristalline et constitue une dépression longue de 150 km, formée de petits bassins se succédant du nord-ouest au sud-est : Alisu, Ostriconi, Gòlu (entre Ponte Leccia et Francardu), Tavignanu (Corti), Sulinzara. Il est caractérisé par un climat peu pluvieux et une végétation actuellement très dégradée.

La plaine orientale

S'étendant de Bastìa à l'embouchure de la Sulinzara, c'est une plaine alluviale qui comprend trois secteurs : au nord, les alluvions du Bivincu et du Gòlu ; un secteur médian étroit entre l'embouchure du Fiumaltu et le phare d'Alistru ; et enfin, la plaine d'Aleria formée des alluvions du Tavignanu, du Fiumorbu et de la Sulinzara, où se sont individualisés des étangs comme ceux de Diana et Urbinu.

La Corse calcaire

Les affleurements calcaires couvrent peu de surface en Corse, où ils sont fort dispersés, mais ils constituent des secteurs portant une flore souvent particulière. Il faut citer les calcaires miocènes de San Fiurenzu (Saint-Florent), les affleurements de Capuralinu et Sant'Anghjuli de Lanu, ceux de la plaine d'Aleria, la Punta di U Furnellu (seul secteur calcaire d'altitude relativement élevée) et la plate-forme de Bunifaziu formée de calcaires miocènes.

Le climat et les facteurs du climat

« La Corse est un pays de montagne dans la mer ; celle-ci donne l'humidité, les vents l'apportent, les montagnes l'arrêtent et la condensent. » Cette formule de Ratzel résume les facteurs essentiels qui régissent le climat de la Corse.

Les vents

Apportant souvent la pluie, ils interviennent ainsi dans un sens favorable à la végétation, mais ils sont aussi responsables des proportions catastrophiques que prennent parfois les incendies dans l'île.

Le libecciu

De composante sud-ouest, il est le grand vent de la Corse. Chargé de pluie, il la déverse sur tout le versant ouest de l'île. Ainsi, les grands massifs, du Cintu à l'Incùdine, sont-ils arrosés abondamment grâce au libecciu qui conserve suffisamment d'humidité pour arroser le versant oriental de ces massifs. Ce dernier versant est même souvent plus arrosé et enneigé que le versant occidental des grandes crêtes, ainsi que l'a fait remarquer P. Simi (1964, **40**). Au niveau du sillon central et de la Corse orientale, le libecciu apparaît, par contre, comme un vent froid et sec.

Le punente

Proche du libecciu mais de composante ouest, il est actif dans le sud de la Corse, en particulier à Bunifaziu.

Le sciloccu

Soufflant du sud-est, il est également très humide lorsqu'il atteint la Corse. Il apporte sur le versant oriental des massifs de Cagna, de l'Uspidali, de l'Incùdine, d'assez grandes quantités d'eau. Il en est de même dans le massif du San Petrone où il arrose largement toute la partie orientale. Lorsqu'il atteint le sillon central, il apparaît, lui aussi, sec et relativement froid.

Le grecale

De composante nord-est, il intéresse toute la partie orientale de la Corse où il est humide dans le nord, mais pratiquement sec dans le sud.

Le livante

Venant de l'est, il arrose tout particulièrement le massif du San Petrone.

Les précipitations

Hauteur moyenne des précipitations

Les précipitations moyennes annuelles sont, quantitativement, relativement importantes en Corse (Gamisans, 1991, **22**). Les plus faibles valeurs correspondent à des stations littorales (îles Sanguinaires, 450 mm ; Bunifaziu, 481 mm ; Sari di Portivechju, 484 mm) ou à des localités du sillon central (Castifau, 535 mm). Les plus élevées connues sont celles des stations de montagne (Vizzavona, 1 050 m : 1498 mm ; Poppaghja, 1 070 m : 1 844 mm). Il est probable qu'elles augmentent encore à des altitudes plus élevées, mais les données manquent. Toutefois, les variations de pluviosité ne sont pas simplement en relation avec l'altitude : elles sont aussi fonction du relief et de la position des stations vis-à-vis des vents amenant la pluie. Ainsi, Bastēlica, à 800 m d'altitude, reçoit annuellement 1 465 mm, tandis qu'Olmi è Capélla, à 850 m, n'en reçoit que 781 mm. Le long du transect ouest-est Ēvisa-Vèrghju-Calacuccia-Castifau, on passe de fortes précipitations (1 500 mm et plus) sur les versants ouest et les crêtes à des précipitations plus faibles vers l'est (Calacuccia, 947 mm ; Castifau, 535 mm) : dans sa course sud-ouest/nord-est, le libecciu perd graduellement son humidité.

Répartition saisonnière

Elle est surtout marquée par un creux estival très accusé, caractéristique du climat méditerranéen, avec, dans certains cas, une hauteur d'eau inférieure à 10 mm en juillet et août. Un autre minimum, nettement moins marqué, apparaît en décembre ou janvier. Le maximum principal se manifeste généralement en novembre, où il peut atteindre 110 mm à Aiacciu et 270 mm à Poppaghja. Un deuxième maximum, moins accentué, apparaît en février ou mars. Le creux estival reste encore important (20 à 30 mm en juillet) pour les stations corses les plus alticoles dont on possède les données, c'est-à-dire ne dépassant pas 1 100 m. Au-dessus de cette altitude, les observations notées pendant divers séjours estivaux étalés sur une période de dix ans permettent de penser que, même en haute montagne, l'été reste une saison relativement peu pluvieuse. Jusque vers le 15 juillet, les orages n'y sont pas rares ; ils sont ensuite très espacés ou inexistants, pour ne redevenir nombreux qu'à compter du 15 août environ.

Les brouillards

Ils sont fréquents, en particulier sur les reliefs où ils se manifestent presque toute l'année. En été, ils se forment sur les montagnes souvent en fin de matinée et s'y maintiennent jusqu'à la tombée de la nuit où ils finissent par se volatiliser. Leur existence est certainement importante pour la végétation des hauts massifs, à laquelle ils peuvent apporter, en été, une quantité d'humidité appréciable, capable de pallier un manque de pluie.

La neige

Les grands massifs reçoivent, surtout au-dessus de 1 000 m d'altitude, d'assez grandes quantités de neige, qui tombe généralement de novembre à avril, mais qui persiste, surtout au-dessus de 2 000 m, jusqu'au milieu de l'été. Certains névés n'ont parfois pas complètement disparu en novembre lorsque surviennent les nouvelles chutes. C'est surtout sur les versants nord que cette neige persiste le plus longtemps, constituant une importante réserve d'eau qui est progressivement libérée en été.

Le régime thermique

Les données sont malheureusement fragmentaires, surtout en altitude. Sur le littoral, la température moyenne annuelle est comprise entre 14.5°C et 16.5°C. C'est à

Bunifaziu, Portivechju-A Chjappa, mais aussi à Ersa (Cap Corse) que sont notées les plus fortes moyennes annuelles (respectivement 15.8°C, 16.5°C, 16°C) : elles correspondent à celles de l'étage thermoméditerranéen tout à fait supérieur. Les hivers sont globalement doux (moyenne des minima du mois le plus froid, m, compris entre 5°C et 8°C) dans les stations citées, où les gelées sont exceptionnelles et les étés chauds (moyennes de 22 à 25°C en juillet et août). Dès qu'on s'élève un peu en altitude et qu'on pénètre vers l'intérieur, la température annuelle moyenne s'abaisse (13.9°C à Antisanti à 712 m ; 13.5°C à Sotta à 80 m) et les gelées deviennent plus ou moins fréquentes. Le phénomène s'amplifie avec l'altitude vers l'intérieur de l'île, et les températures hivernales deviennent rigoureuses dès qu'on dépasse 600 à 900 m d'altitude (suivant l'exposition) : à Vizzavona (1 050 m) la moyenne annuelle est de 9.6°C, et à Poppaghja (1 074 m) de 8.9°C. à 1 700 m, à la station de Tozzarella (Incùdine), la température annuelle moyenne (sur trois ans) est de 5.4°C. à partir de ces données (chute de 0.56°C par 100 m d'altitude), on peut estimer qu'à 2 100 m (limite subalpin-alpin), la température annuelle moyenne est de 3.16°C, et à 2 500 m de 0.9°C. Ces estimations restent un peu théoriques, mais les températures mensuelles moyennes de Tozzarella, négatives en décembre, janvier, février et mars traduisent bien l'existence d'un hiver très rigoureux dès 1 700 m d'altitude. D'une manière générale, à toutes les altitudes, les températures les plus élevées sont enregistrées en juillet et août, les plus basses en janvier (plus rarement en février, exceptionnellement en décembre).

Les climats de la Corse

À travers l'analyse qui vient d'être faite, la Corse apparaît marquée climatiquement par un creux estival important des précipitations, ce qui autorise l'attribution d'un label général de climat méditerranéen. Toutefois les variations importantes de température et des précipitations lorsqu'on passe du littoral aux hauts sommets permettent de séparer plusieurs ensembles climatiques. P. Simi (1964, **40**) a proposé de distinguer trois climats :

– un *climat méditerranéen doux et humide* (0-600 m) à températures moyennes annuelles variant de 14°C à 17°C, des pluies abondantes mais irrégulières, avec une longue saison sèche en été ;

– un *climat méditerranéen d'altitude* (600-1 200 m) à températures moyennes annuelles comprises approximativement entre 13°C et 10°C, avec des précipitations de 800 à 1 500 mm et une saison sèche estivale moins longue que dans le cas précédent, mais encore nette ;

– un *climat à tonalité alpine* (au-dessus de 1 200 m) à hivers très rigoureux, à contrastes saisonniers et quotidiens de température, à précipitations (en particulier neige) très abondantes.

La “tonalité alpine”, du troisième type climatique, ne repose en fait que sur des critères thermiques (hivers très rigoureux). Les précipitations, en revanche, n'ont pas du tout une "tonalité alpine" (qui serait caractérisée par un maximum estival des pluies ou un très léger creux), mais bien encore une tonalité méditerranéenne, même si elle est atténuée. Il serait donc préférable de parler de climat méditerranéen de haute altitude, perhumide et très froid, à sécheresse estivale brève ou nulle.

On pourrait aussi concevoir des subdivisions climatiques plus nombreuses, correspondant aux divers étages de végétation qui sont précisément liés à des critères thermiques.

Géologie

Les grands ensembles géologiques constituant la Corse ont déjà été évoqués à propos des régions naturelles de l'île. Seules seront brièvement indiquées ici les données géologiques qui intéressent directement la végétation : d'une part, la nature chimique des principaux types de roches affleurant en Corse ; d'autre part, l'histoire géologique qui permet d'éclairer l'histoire du peuplement végétal de l'île.

Types de roches

Deux grandes zones peuvent être distinguées : la Corse cristalline (à l'ouest et au sud) et la Corse alpine ou schisteuse (au nord-est et au nord) ; plusieurs types de roches sont présents dans chacun de ces deux grands ensembles :

Corse cristalline

– gneiss : d'importants affleurements de ces roches existent dans la partie orientale du massif du Cintu ;

– granites : ils dominent dans les grands massifs du nord-ouest, du centre et du sud de l'île (partie occidentale du massif de Tenda, partie orientale du massif du Cintu, massifs du Ritondu, du Rinosu, de l'Incùdine, de Bavella, de l'Uspidali, de Cagna) ; on peut y distinguer des granites calco-alcalins, largement répandus, et des granites alcalins à hyperalcalins, qui sont plus localisés (Bonifatu, Ēvisa, Bastēlica, massif de Bavella) ;

– roches volcaniques : les rhyolites peu altérables dominent largement en altitude et constituent l'essentiel du massif du Cintu ; les andésites, beaucoup plus altérables, sont moins répandues.

Corse alpine

– schistes lustrés : c'est dans ces roches acides et riches en silice que sont modelés les massifs du Cap Corse et du San Petrone, ainsi que la partie orientale du massif de Tenda ;

– ophiolites et serpentines : basiques, relativement pauvres en silice, ces roches affleurent fréquemment au sein des schistes lustrés ;

– calcaires : les principaux affleurements sont ceux de San Fiurenzu (Saint-Florent),

Capuralinu et Sant'Anghjuli de Lanu dans le sillon central, de la plaine d'Aleria, de la Punta di U Furnellu et de la plate-forme de Bunifaziu ;

– d'autres types de roches sédimentaires peuvent être observés, par exemple des conglomérats sur le Monte Cardu et la Punta Lattoniccia.

Histoire géologique de la Corse

Les géologues, grâce à des données sismiques, paléomagnétiques et de géologie comparée, ont maintenant bien établi que l'ensemble Corse-Sardaigne est arrivé sur sa position actuelle à la suite d'une dérive. Ce bloc, à l'Oligocène supérieur (Westphal & al. 1976, **43**), était adjacent à la côte provençale et languedocienne (voir fig. 3, ci-dessous), faisant partie d'un arc montagneux hercynien joignant les Pyrénées et les massifs est-ibériques aux massifs cristallins externes des Alpes. La dérive vers le sud-est s'est effectuée probablement au Miocène inférieur. C'est au cours de cette dérive que les schistes lustrés, comprimés entre la Corse et l'Italie, sont venus recouvrir le nord-est de l'île sans que le sillon marin dans lequel ils s'étaient déposés ne disparaisse complètement. Ainsi, après la dérive du bloc corso-sarde, il ne semble pas y avoir eu de liaison terrestre entre l'Italie et la Corse.

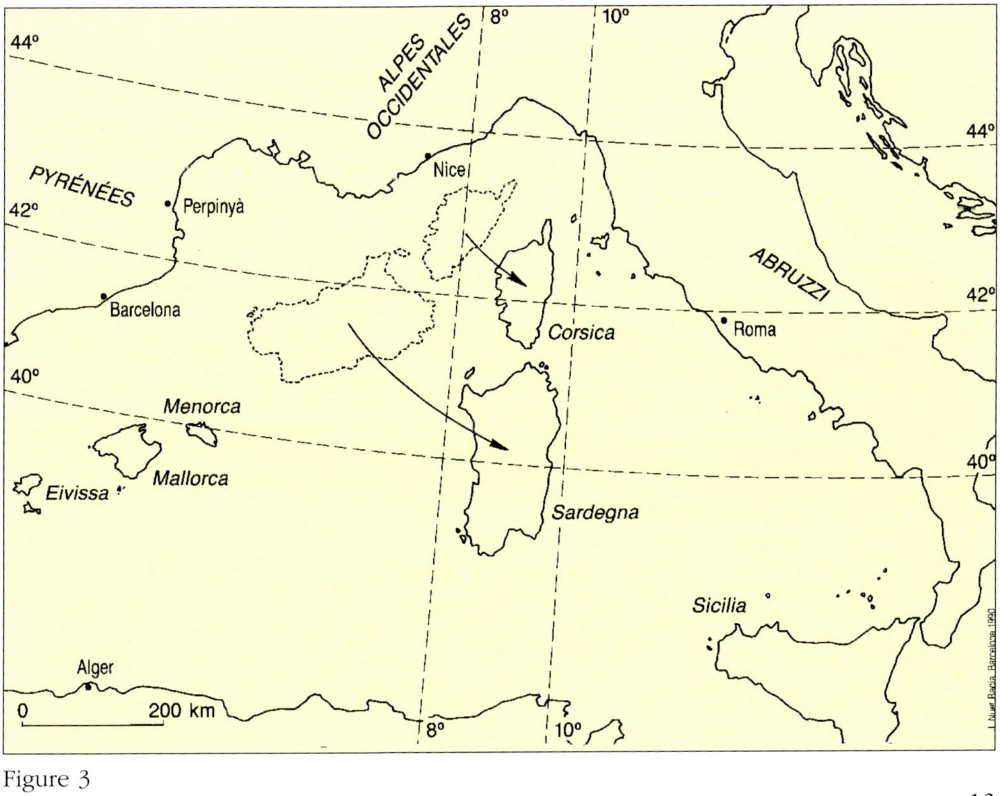

Figure 3

FLORE ET VÉGÉTATION DE LA CORSE

DONNÉES STATISTIQUES SUR LA FLORE VASCULAIRE DE LA CORSE

À partir de la mise au point de la dernière édition du "Catalogue" (Gamisans & Jeanmonod, 1993, **25**), la flore vasculaire de la Corse apparaît constituée de 2 978 taxons (unités systématiques de rang spécifique ou inférieur). Les taxons introduits sont au nombre de 454 et les indigènes (ou naturels) de 2 524.

Parmi ces derniers, on peut distinguer 2 092 espèces, 264 sous-espèces, 89 variétés et 82 hybrides.

Le graphique 1 (d'après Gamisans & Jeanmonod, 1995, **27**) donne une idée globale des éléments chorologiques (ou biogéographiques) de la flore corse et de leurs pourcentages respectifs. Ces pourcentages portent sur 2 442 taxons indigènes analysés de ce point de vue (les hybrides, de type chorologique, souvent difficile à définir, n'ont pas été pris en compte). Ils font ressortir l'importance de l'endémisme (12,2 % de la flore indigène) et une presque égalité entre les éléments méditerranéen (au sens large, 39,5 %) et eurosibérien (au sens large, 37,8 %).

ANALYSE DE L'ENDÉMISME VÉGÉTAL EN CORSE

Quelques données numériques sur la flore endémique de la Corse

La flore endémique comprend 296 taxons : les taxons endémiques strictement corses sont au nombre de 131 ; les corso-sardes sont 75 (auxquels on peut ajouter 14 corso-sardes/archipel toscan) ; les baléaro-corso-sardes 11 ; les autres endémiques (Corse-Sardaigne-Italie, Corse-Pyrénées, Corse-Alpes, Corse-Sierra Nevada...) 65.

Le graphique 2 (d'après Gamisans & Jeanmonod, 1995, **27**) donne les pourcentages des divers types géographiques d'endémiques.

Selon cette étude, la répartition de cette flore endémique dans les étages de végétation (certaines espèces endémiques sont présentes dans plusieurs étages) montre une richesse maximale à l'étage montagnard (154 taxons présents), suivi, dans l'ordre, par les étages supraméditerranéen (141), mésoméditerranéen (115) et subalpin (98). Par contre, la comparaison, pour chaque étage, du nombre d'endémiques avec le nombre total de taxons présents à l'étage montre la très grande richesse relative en endémiques des étages alpin (43,97 %) et cryo-oroméditerranéen (47,4 %), dont presque la moitié des taxons présents sont des endémiques (mais la flore y est pauvre en nombre de taxons). L'étage mésoméditerranéen, dont la flore comporte, il est vrai, plus de 1 500 taxons, n'offre modestement que 6,31 % d'endémiques.

Les affinités de la flore corse à travers les taxons endémiques et vicariants

Avec 131 végétaux strictement endémiques, la flore vasculaire de la Corse présente une originalité remarquable. Néanmoins, elle offre de nettes affinités avec celle de la Sardaigne (75 espèces sont endémiques corso-sardes). Il est probable que ces affi-

Eléments chorologiques des taxons indigènes

Graphique 1

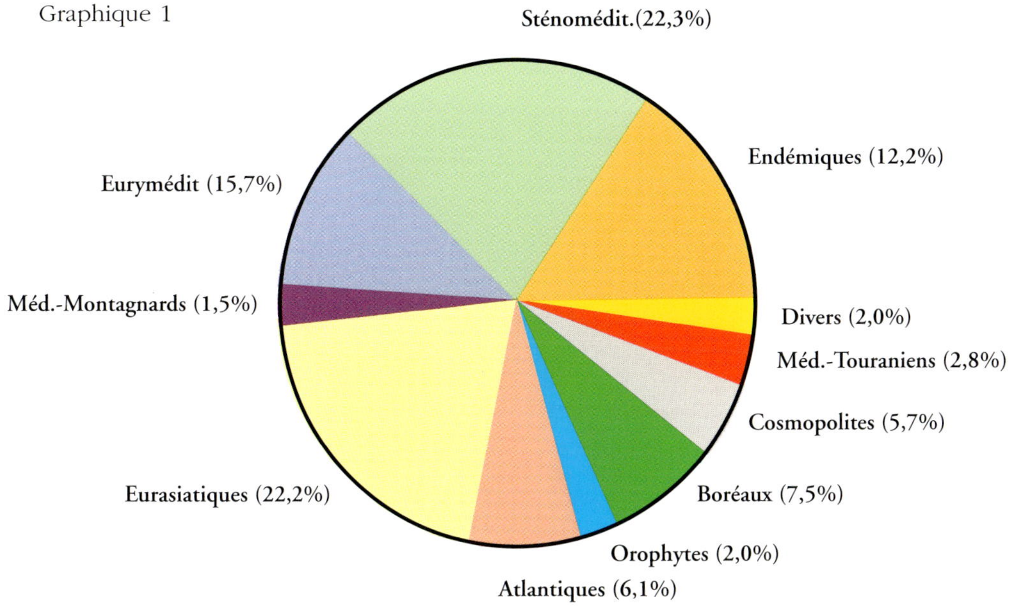

Types géographiques des endémiques

Graphique 2

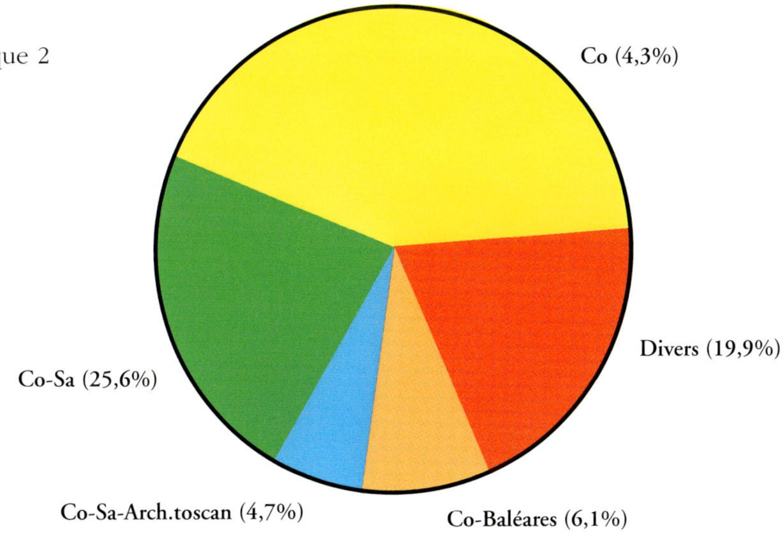

nités auraient été encore plus importantes si les montagnes sardes étaient plus élevées. Les espèces endémiques communes avec les Baléares (la plupart figurent aussi en Sardaigne) sont aussi notables, en particulier celles de souche ancienne telles que *Naufraga balearica, Soleirolia soleirolii, Arenaria balearica, Bellium bellidioides...*

Ainsi, l'ensemble Baléares-Corse-Sardaigne constitue (voir Gamisans, 1991, **22**) un domaine floristique particulier, le "domaine tyrrhénien", au sein de la région florale méditerranéenne. A ce domaine, il faut adjoindre les satellites constitués par l'archipel toscan (Elbe, Monte Cristo, Capraia...), où un certain nombre de taxons tyrrhéniens ou corso-sardes sont présents, et les îles d'Hyères (affinités moins marquées, mais présence d'éléments tels que *Teucrium massiliense, Teucrium marum, Delphinium pictum* aggreg...).

Les points communs avec la flore de la Calabre (*Alnus cordata, Berberis aetnensis, Pinus nigra* subsp. *laricio*...) et de la Sicile (*Berberis aetnensis, Petrorhagia saxifraga* subsp. *gasparinii, Carduus cephalanthus, Cardamine chelidonia*...) ne sont pas négligeables. Enfin, bon nombre d'espèces plus ou moins largement répandues dans la région florale méditerranéenne témoignent de la place de la Corse dans cet ensemble.

Cependant, bien des espèces de l'Europe moyenne sont aussi présentes dans l'île et attestent de liens importants avec cette flore.

Ainsi, parmi les plantes orophiles, il en est un certain nombre de communes à la Corse, aux Alpes et aux Pyrénées. Pour les liens Alpes-Corse, on peut citer plus précisément *Bupleurum stellatum, Viola argenteria*, endémiques de ces massifs, et les proches parents (vicariants) *Alnus alnobetula* subsp. *alnobetula* (Alpes) et subsp. *suaveolens* (Corse) et *Saxifraga pedemontana* subsp. *pedemontana* (Alpes du sud) et subsp. *cervicornis* (Corse). Les affinités avec la flore pyrénéenne sont plus particulièrement mises en évidence par l'endémique *Galium cometerhizon* (Corse-Pyrénées) et les vicariants *Herniaria latifolia* subsp. *latifolia* (Pyrénées et massifs ibériques) et subsp. *litardierei* (Corse-Sardaigne). D'autre part, des plantes corses comme *Phleum parviceps, Erigeron paolii* et *Veronica repens* ont des vicariants dans la flore de la Sierra Nevada (Espagne méridionale) : respectivement *Phleum parviceps* subsp. *abbreviatum, Erigeron major, Veronica repens* var. *nevadense*. Ce dernier taxon est aussi présent dans le Grand Atlas marocain.

Enfin, à propos de l'Afrique du Nord, il convient également de citer la vicariance entre le genre paléoendémique *Morisia* (corso-sarde) et le genre *Cossonia* (nord-africain).

Les apports de la cytotaxonomie à la connaissance de l'endémisme végétal en Corse

Les travaux de Contandriopoulos (1962, **11**), basés sur les comptages chromosomiques des taxons endémiques, ont permis de préciser leur parenté avec les taxons correspondants (vicariants, c'est-à-dire proches parents). Ceci a permis d'appliquer la classification des endémiques de Favarger et Contandriopoulos où l'on distingue les groupes suivants :

– *paléo-endémiques* – ils sont taxonomiquement isolés et n'ont pas de rapport précis avec des taxons correspondants ; on peut citer en Corse : *Naufraga balearica, Morisia monanthos, Soleirolia soleirolii, Nananthea perpusilla, Helichrysum frigidum* ;

– *schizo-endémiques* – chacun d'eux a un ou plusieurs taxons correspondants (vicariants) dans d'autres aires que la Corse ; ils ont tous le même nombre chromosomique et dérivent tous de la différenciation lente et progressive d'un taxon primitif dans les différentes parties de son aire ;

exemples : *Phyteuma serratum*, vicariant d'autres espèces de la série *Alpina, Draba loiseleurii*, vicariant d'autres *Draba* de la section *Aizopsis, Alnus alnobetula* subsp. *suaveolens*, vicariant du subsp. *viridis* des Alpes ;

– *patro-endémiques* – ils sont diploïdes en Corse et ont des taxons vicariants polyploïdes (considérés comme de formation plus récente) dans d'autres aires souvent bien plus vastes ; ainsi, *Phalaris arundinacea* subsp. *rotgesii*, endémique corse diploïde est vicariant du subsp. *arundinacea* d'aire holarctique beaucoup plus vaste, et tétraploïde ; de même, *Leucanthemopsis alpina* subsp. *tomentosa*, endémique corse, diploïde, est vicariant du subsp. *alpina*, présent dans les Alpes et les Pyrénées et polyploïde ;

– *apo-endémiques* – ils sont polyploïdes en Corse (et seraient donc de formation récente) et ont des taxons correspondants souvent diploïdes dans des aires plus vastes en dehors de la Corse ; il faut citer : *Cerastium soleirolii* (du groupe C. *arvense*), *Cymbalaria hepaticifolia, Viola corsica*.

Les paléo et les patro-endémiques soulignent le caractère conservateur d'une flore. En Corse, ils sont surtout abondants dans l'élément méditerranéen au sens large. Les schizo-endémiques mettent en évidence l'influence de l'isolement sur la différenciation des taxons. Ils permettent de préciser les territoires avec lesquels la Corse a été en relation dans le passé, et où une évolution divergente, à partir d'un ancêtre commun, a donné naissance à des taxons vicariants. Ils constituent le groupe d'endémiques le plus important et se recrutent essentiellement dans l'élément orophile centre et sud européen et l'élément méditerranéen. Les apo-endémiques montrent que certains taxons ont évolué en Corse, alors qu'ailleurs ils n'ont que peu varié.

UN SECTEUR FLORISTIQUE CORSE

À la suite des diverses données chorologiques précédemment exposées, on peut situer la Corse dans la région florale méditerranéenne où elle occupe une position septentrionale. Elle entre là dans le domaine tyrrhénien et plus particulièrement dans le sous-domaine corso-sarde (125 taxons endémiques communs). Elle constitue un secteur corse (131 taxons endémiques propres) distinct du secteur sarde. Ce secteur (l'unité corse repose sur un certain nombre d'endémiques ubiquistes, présents à presque toutes les altitudes) peut être subdivisé en deux sous-secteurs :

– sous-secteur méditerranéo-corse à élément floristique méditerranéen dominant, affine du secteur sarde (ensemble littoral et étages thermo-, méso-, supraméditerranéen, montagnard en partie, cryo-oroméditerranéen) ;

– sous-secteur oro-corse à élément holarctique non méditerranéen dominant, en partie affine des montagnes eurosibériennes, mais avec une flore appauvrie (bord des eaux douces, étages montagnard en partie, subalpin, alpin) ;

Ces deux sous-secteurs se juxtaposent sur les massifs corses. Le premier, étendu à basse altitude, s'élève néanmoins sur les flancs des montagnes, en particulier sur les adrets où il peut atteindre 2 100 m. Le second est ponctuel à basse altitude et est surtout développé au-dessus de 1 000 à 1 200 m sur les ubacs ; au-dessus de 2 100 m, il occupe la plupart des sommets.

HYPOTHÈSES SUR L'ORIGINE DE LA FLORE CORSE

Les diverses hypothèses avancées pour expliquer l'origine de la flore corse ont été fort bien exposées et discutées par Contandriopoulos (1962, **11**). Cet auteur a alors mis l'accent en particulier sur l'hypothèse de Braun-Blanquet (1926, **5**) qui considérait que la flore corso-sarde est une « flore paléogène développée in situ », c'est-à-dire qu'il s'agit d'une flore du Tertiaire moyen ayant, depuis lors, évolué sur place avec des apports externes réduits. Les liens entre la flore corso-sarde et celles des Baléares, des Pyrénées, des îles d'Hyères ou de Provence sont des arguments qui plaident pour une origine ancienne d'une partie au moins de cette flore. Gamisans (1975, **17**) s'est également référé à cette hypothèse tout en la situant dans le cadre de données géologiques récentes, qui ont montré que le bloc corso-sarde, autrefois (Oligocène supérieur) adjacent à la côte provençale et languedocienne (voir fig. 3), où il constituait un arc montagneux joignant les Pyrénées aux massifs cristallins externes des Alpes, a dérivé ensuite vers le sud-est jusqu'à atteindre (probablement au Miocène inférieur) la position actuelle où il s'est donc isolé.

Bocquet & al. (1978, **4**) admettent à la suite de certains géologues (Hsu), un assèchement spectaculaire de la Méditerranée au Messinien (vers la fin du Miocène, il y a environ six millions d'années). Le fond de la Méditerranée aurait alors été un désert couvert de sel, et le bloc corso-sarde relié au continent. Cette "crise de salinité" s'est accompagnée du passage à un climat sec et relativement froid. Ce traumatisme du Messinien a, selon ces auteurs, gravement endommagé la vieille flore arcto-tertiaire qui n'a donc pas été capable de se sublimer pour donner la flore orophile actuelle. Le peuplement des montagnes corses (comme celui d'autres montagnes européennes) se serait alors fait au Messinien à partir d'une flore d'origine asiatique ayant migré vers l'ouest. Le reproche que l'on peut faire à cette dernière partie de l'hypothèse est qu'elle ne donne pas d'explication de l'absence en Corse d'espèces bien représentatives de la flore orophile alpine, appartenant aux genres *Gentiana, Primula, *Soldanella, *Androsace, *Pedicularis, *Oxytropis, *Rhododendron,*

*Campanula, Achillea, Artemisia, Senecio, *Saussurea* (* : genres absents de la flore corse). Nombre de ces taxons sont précisément considérés comme étant d'origine asiatique. Pour expliquer cette absence, il faudrait admettre qu'il y ait eu plusieurs vagues migratoires et que seule une des premières ait atteint la Corse avant son nouvel isolement, lors du retour de l'eau dans la Méditerranée.

Favarger (1975, **16**) pense, au contraire, que la flore arcto-tertiaire n'a pas été anéantie et qu'elle est à l'origine d'une partie importante de la flore orophile du sud de l'Europe. Se fondant sur ce point de vue et s'appuyant sur les nouvelles hypothèses géologiques, Contandriopoulos (1981, **13**) admet actuellement qu'en Corse, les éléments orophiles présents se sont installés dans l'île au Messinien et seraient originaires du versant sud de l'arc alpin. Cependant, cela n'explique pas clairement l'identité ou la vicariance entre certains taxons orophiles corses et pyrénéens (*Galium cometerhizon, Herniaria latifolia*) et corses et névadéens (*Phleum parviceps, Erigeron paolii-E. major*) : les communications directes entre ces massifs étaient certainement des voies de migration un peu trop salées au Messinien. Il faudrait alors faire appel à des voies migratoires Corse-Alpes-Pyrénées-Sierra Nevada avec disparition des populations témoins de ces groupes dans les Alpes (pour Galium et Herniaria) et dans les Alpes et les Pyrénées (pour Phleum et Erigeron). Cela est bien compliqué et il ne faut peut-être pas exclure une origine plus ancienne pour les taxons cités.

En ce qui concerne les périodes glaciaires beaucoup plus récentes du Quaternaire, il semble peu probable qu'il y ait eu un pont terrestre entre la Corse et la Toscane (l'abaissement du niveau marin qui s'est produit à ce moment-là aurait dû atteindre au moins 400 m, à moins que les fonds marins n'aient été moins profonds qu'actuellement). Cependant, l'archipel toscan a pu, lui, être réuni à l'Italie et approcher très près des côtes corses.

Le débat sur ces diverses hypothèses reste encore ouvert : toutes les particularités de la flore corse ne sont pas encore expliquées de manière satisfaisante.

Ce que l'on peut retenir, c'est qu'il y a un lien certain entre le pourcentage d'endémiques et l'isolement ancien du bloc corso-sarde. Ce bloc a joué parfois le rôle de milieu conservateur pour des espèces ou des genres qui ont probablement été éliminés sur d'autres territoires par la concurrence de plantes plus agressives (qui n'ont pas eu la possibilité d'atteindre le microcontinent corso-sarde déjà isolé). Toutefois, il ne faudrait pas penser que la flore corse est purement relictuelle, une sorte de fossile vivant. L'évolution des espèces végétales s'y est faite aussi comme en d'autres lieux du continent, mais certainement avec moins de possibilités d'échanges de gènes et bien moins d'apports d'éléments extérieurs. Cette dernière particularité a fait que certains endémiques comme *Stachys corsica, Hypochaeris robertia, Cerastium soleirolii* ou *Galium corsicum* ont pu occuper un nombre non négligeable d'habitats qu'ils n'auraient probablement pas occupés en présence d'une concurrence plus fournie. C'est une explication possible du fait que les endémiques cités soient actuellement des ubiquistes que l'on retrouve souvent depuis l'étage mésoméditerranéen jusqu'à l'étage alpin. Certaines populations de ces endémiques ubiquistes présentent de très légères particularités morphologiques (Gamisans, 1981, **19**) et il n'est pas exclu que l'on se trouve là devant un début de différenciation de taxons distincts en fonction des milieux (séries écophylétiques). Des séries écophylétiques déjà différenciées existent d'ailleurs en Corse. Par exemple, les trois séries *Trisetum gracile-T. conradiae, Seseli praecox-S. djianeae, Carex digitata-C. ornithopoda* correspondent à des milieux d'altitudes (donc de températures moyennes annuelles) différentes, tandis que la série *Bellium bellidioides-B. nivale* concerne des milieux différant par les substrats (pelouses sèches - pozzines) mais pouvant se trouver parfois à la même altitude.

Enfin, il ne faut pas exclure des apports ponctuels d'espèces par l'intermédiaire de divers agents (vents, oiseaux migrateurs...), même si les chances de réussite du nouvel arrivant (dans le cas où sa diaspore est encore en bon état) dans une végétation bien en place sont minces. La graminée *Stipa pennata*, très rare et localisée uniquement à la partie culminale de divers sommets proches (San Petrone, Monte Pianu Maiò...), en est un exemple possible. De même, Reille (1975, **38**) a indiqué que la présence pollinique de *Menyanthes trifoliata* (actuellement en place au lac de Ninu) dans les sédiments tourbeux présentait des lacunes qui pouvaient être interprétées comme des disparitions suivies de réintroductions par des oiseaux migrateurs.

LE PASSÉ LOINTAIN ET RÉCENT DE LA VÉGÉTATION DE LA CORSE

Les affinités écologiques des diverses espèces végétales, leur apparition ou mise en place non synchrone, ou bien leur concurrence dans le cas d'une installation simultanée les ont conduit, soit à peupler des milieux différents, soit à vivre ensemble dans certaines associations végétales. Ainsi s'est modelée progressivement la végétation de la Corse.

Au début de la rotation du bloc corso-sarde (Miocène), le climat était très probablement de type subtropical (à pluies estivales) et même si une partie de la flore corse actuelle était déjà en place, elle n'était certainement pas organisée en végétation de type méditerranéen. Après la crise messinienne (froide et sèche) qui a peut-être vu une réorganisation de la végétation (en particulier orophile), ce n'est qu'au Pliocène moyen (il y a un peu moins de quatre millions d'années) que le climat subtropical a laissé place à un climat méditerranéen avec sécheresse estivale. C'est certainement d'alors que date la différenciation d'une végétation méditerranéenne comparable à celle que nous connaissons aujourd'hui. Ensuite, l'évolution climatique a vu alterner diverses phases froides et sèches, à végétation steppique, et des phases plus tempérées à forêts caducifoliées.

Au Pléistocène, ce type d'alternance s'est poursuivi, mais la glaciation de Würm a constitué un épisode particulièrement froid et sec. Un pays comme la Corse présentait alors certainement de nombreux refuges favorables à la végétation tempérée et méditerranéenne, en particulier à basse altitude, mais les glaciers, même s'ils n'ont pas atteint la mer, ont eu une action non négligeable (le plus méridional était probablement celui du versant sud du Monte Incùdine, dans la vallée d'Asinau, où de belles moraines sont encore bien visibles).

Depuis l'Holocène (il y a 12 000 ans), la végétation de la Corse (floristiquement identique à celle d'aujourd'hui) a essentiellement enregistré des oscillations altitudinales dues aux variations climatiques (Reille, 1975, **38**), mais aussi un fort impact humain dans les derniers millénaires (incendies, coupes, mises en culture, apport d'espèces étrangères à l'île). Dans certains cas, cet impact a amené un véritable bouleversement du paysage végétal (par exemple, la raréfaction des chênaies caducifoliées autrefois bien plus étendues). L'aspect actuel de la végétation est donc le résultat de toute cette histoire.

LES ÉTAGES DE VÉGÉTATION EN CORSE

Les données précédemment exposées concernant l'analyse chorologique de la flore corse ont permis de distinguer deux sous-secteurs floristiques dans l'île : l'un "méditerranéo-corse" relevant pleinement de la région florale méditerranéenne, l'autre "oro-corse" présentant de larges affinités avec les montagnes de la région eurosibérienne. Cette dualité situe les montagnes corses dans l'ensemble des montagnes dites subméditerranéennes. Les étages de végétation étant l'expression d'un climat mais aussi d'une flore, la dualité reconnue dans la flore de la Corse entraîne donc la juxtaposition des deux systèmes d'étagement de la végétation : le méditerranéen et l'eurosibérien (voir les figures 2 et 4). Les étages de basse altitude sont climatiquement (saison sèche estivale de deux à trois mois) et floristiquement de type méditerranéen : étages thermoméditerranéen (très fragmentaire, horizon supérieur), mésoméditerranéen, supraméditerranéen. Pour ce dernier, il faut noter que les groupements forestiers d'ubac et de secteurs frais sont déjà largement marqués par le cortège floristique eurosibérien. Ce phénomène s'accentue à l'étage supérieur que l'on peut qualifier de montagnard (système eurosibérien) mais où l'on peut distinguer une variante méditerranéenne représentée par les forêts de pin laricio (surtout à l'adret où persistent bon nombre d'espèces méditerranéennes) et une variante eurosibérienne matérialisée par les hêtraies et les sapinières (surtout à l'ubac ou dans les secteurs à climat frais et humide). Cette bipartition se fait sentir encore davantage au-dessus, avec l'opposition, dans une même tranche d'altitude, entre l'étage subalpin (ubac) caractérisé par l'aulnaie odorante et l'étage cryo-oroméditerranéen (adret) qui est le domaine exclusif de fruticées naines (30 à 50 cm de hauteur) où dominent les plantes épineuses méditerranéennes. Au-dessus, l'opposition adret-ubac persiste, mais, dans ce cas-là, même à l'adret, le cortège floristique eurosibérien domine : on peut parler d'étage alpin.

LES ESPÈCES ENDÉMIQUES DANS LEURS MILIEUX

Il nous est apparu intéressant que cet ouvrage puisse être utilisé sur le terrain pour reconnaître facilement les plantes endémiques de Corse dans les divers groupements végétaux. Dans cette optique, nous avons présenté ces espèces en passant en revue les divers ensembles de végétation de l'île, en commençant par la ceinture littorale et en s'élevant ensuite dans les étages de végétation jusqu'aux plus hauts sommets, en laissant pour la fin les groupements de bords de rivières et les plantes "multimilieux" à grande amplitude altitudinale. De nombreuses espèces endémiques sont présentes dans plus d'un étage de végétation, chacune a alors été traitée au niveau de l'étage où elle semble avoir sa plus grande fréquence, sa présence dans les autres étages étant bien sûr mentionnée. Cette présentation a également l'avantage d'être calquée sur celle du livre consacré à l'étude de la végétation de la Corse (Gamisans, 1991, [22]), ouvrage dans lequel on trouvera une définition détaillée des étages de végétation de l'île et de nombreux autres concepts parfois évoqués ici. Ainsi, cet atlas photographique peut constituer également une excellente illustration complémentaire de ce livre.

CODE DE PRÉSENTATION DE CHAQUE PLANTE ENDÉMIQUE

* : INDIQUE QUE LA PLANTE FIGURE SUR LA LISTE NATIONALE OU RÉGIONALE DES ESPÈCES PROTÉGÉES DONT LE RAMASSAGE EST STRICTEMENT INTERDIT.

– NOM LATIN
– nom corse (lorsqu'il est connu)
– (nom français)
– *famille*
– période optimale de floraison
– [aire géographique] précision de la répartition géographique de l'endémique (Co = Corse, Sa = Sardaigne)
– indice de rareté :

RR :	plante très rare, présente dans 1 à 5 localités
R :	plante rare, présente dans 6 à 10 localités
LOC :	plante très localisée mais pouvant être localement abondante
£ :	plante connue de plus de 10 localités en Corse mais pouvant être assez rare à assez commune
C :	plante commune
CC :	plante très commune

– (étages de végétation où la plante est présente) avec les abréviations suivantes :

LI :	milieux littoraux de rochers, marais salés, prés salés, dunes, plages

RI1 : milieux d'eaux douces ou très légèrement saumâtres à basse altitude et forêts riveraines (ripisylves) de plaine ou de l'étage mésoméditerranéen

RI2 : ripisylves ou bords des eaux au niveau de l'étage supraméditerranéen

RI3 : ripisylves ou bords des torrents au niveau de l'étage montagnard

TM : étage thermoméditerranéen

ME : étage mésoméditerranéen

SM : étage supraméditerranéen

MO : étage montagnard

OR : étage cryo-oroméditerranéen

SA : étage subalpin

AL : étage alpin.

Lorsque ces indications figurent en lettres minuscules, cela indique une fréquence moindre (ou la rareté) aux étages considérés.

- écologie : types de milieux et formations végétales où la plante peut être observée
- chorologie en Corse : répartition géographique à l'intérieur de l'île
- éventuellement : différences avec les plantes les plus proches
- T : taille de la plante (hauteur pour une plante érigée, longueur pour une plante rampante)
- D : diamètre de la fleur, ou bien L : longueur de la fleur (lorsque c'est ce dernier caractère qui est visible sur la photographie).

Ces deux derniers caractères permettent de se rendre compte de l'échelle de la photographie.

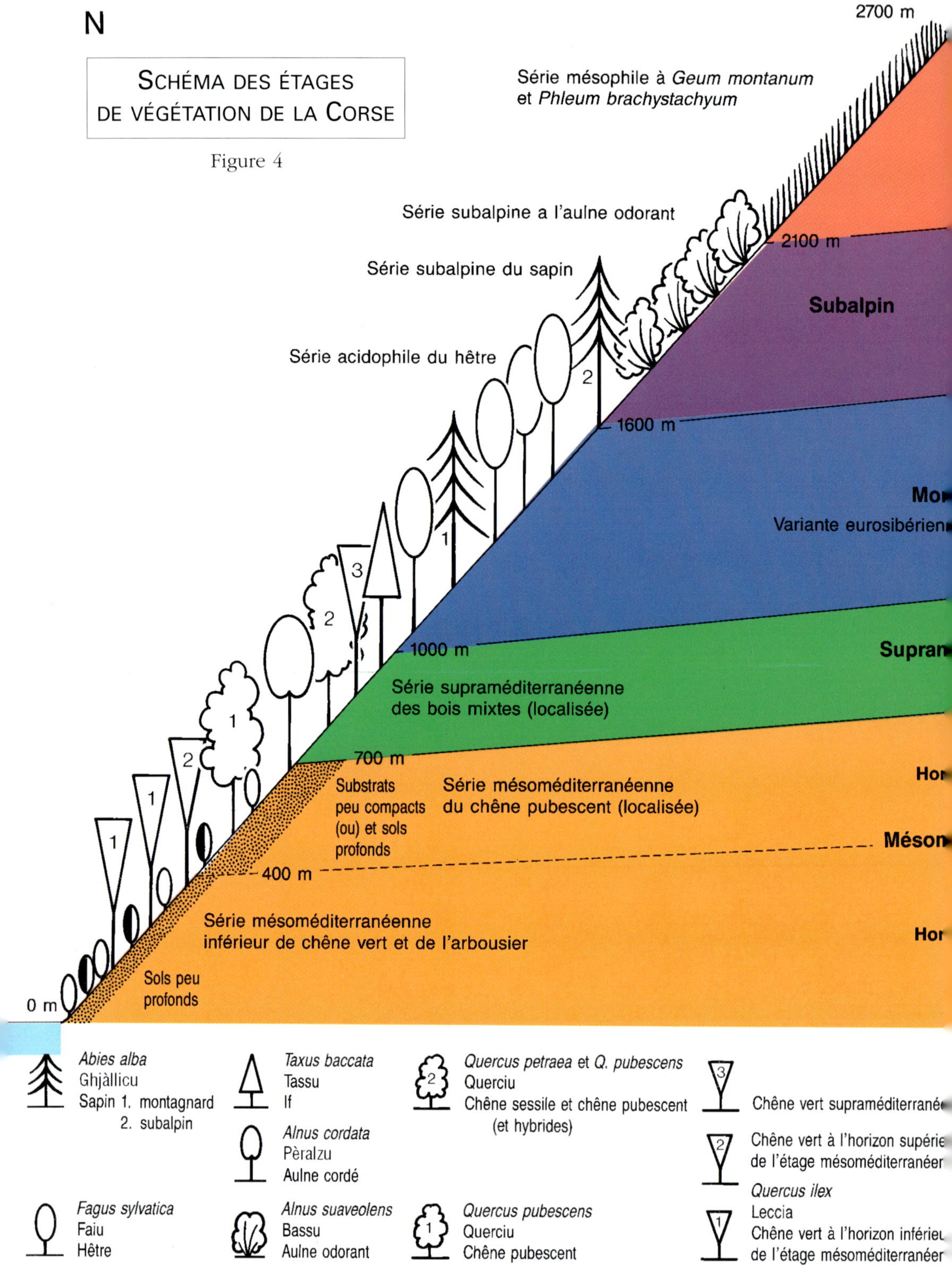

N
SCHÉMA DES ÉTAGES DE VÉGÉTATION DE LA CORSE
2700 m
Série mésophile à *Geum montanum* et *Phleum brachystachyum*
Série subalpine a l'aulne odorant
2100 m
Série subalpine du sapin
Subalpin
Série acidophile du hêtre
1600 m
Variante eurosibérien
1000 m
Série supraméditerranéenne des bois mixtes (localisée)
700 m
Substrats peu compacts (ou) et sols profonds
Série mésoméditerranéenne du chêne pubescent (localisée)
400 m
Série mésoméditerranéenne inférieur de chêne vert et de l'arbousier
Sols peu profonds
0 m
Abies alba
Ghjàllicu
Sapin 1. montagnard
2. subalpin
Taxus baccata
Tassu
If
Quercus petraea et *Q. pubescens*
Querciu
Chêne sessile et chêne pubescent (et hybrides)
Chêne vert supraméditerrané
Alnus cordata
Pèralzu
Aulne cordé
Chêne vert à l'horizon supérie
de l'étage mésoméditerranéer
Quercus ilex
Leccia
Fagus sylvatica
Faiu
Hêtre
Alnus suaveolens
Bassu
Aulne odorant
Quercus pubescens
Querciu
Chêne pubescent
Chêne vert à l'horizon inférieu
de l'étage mésoméditerranéer

Figure 4

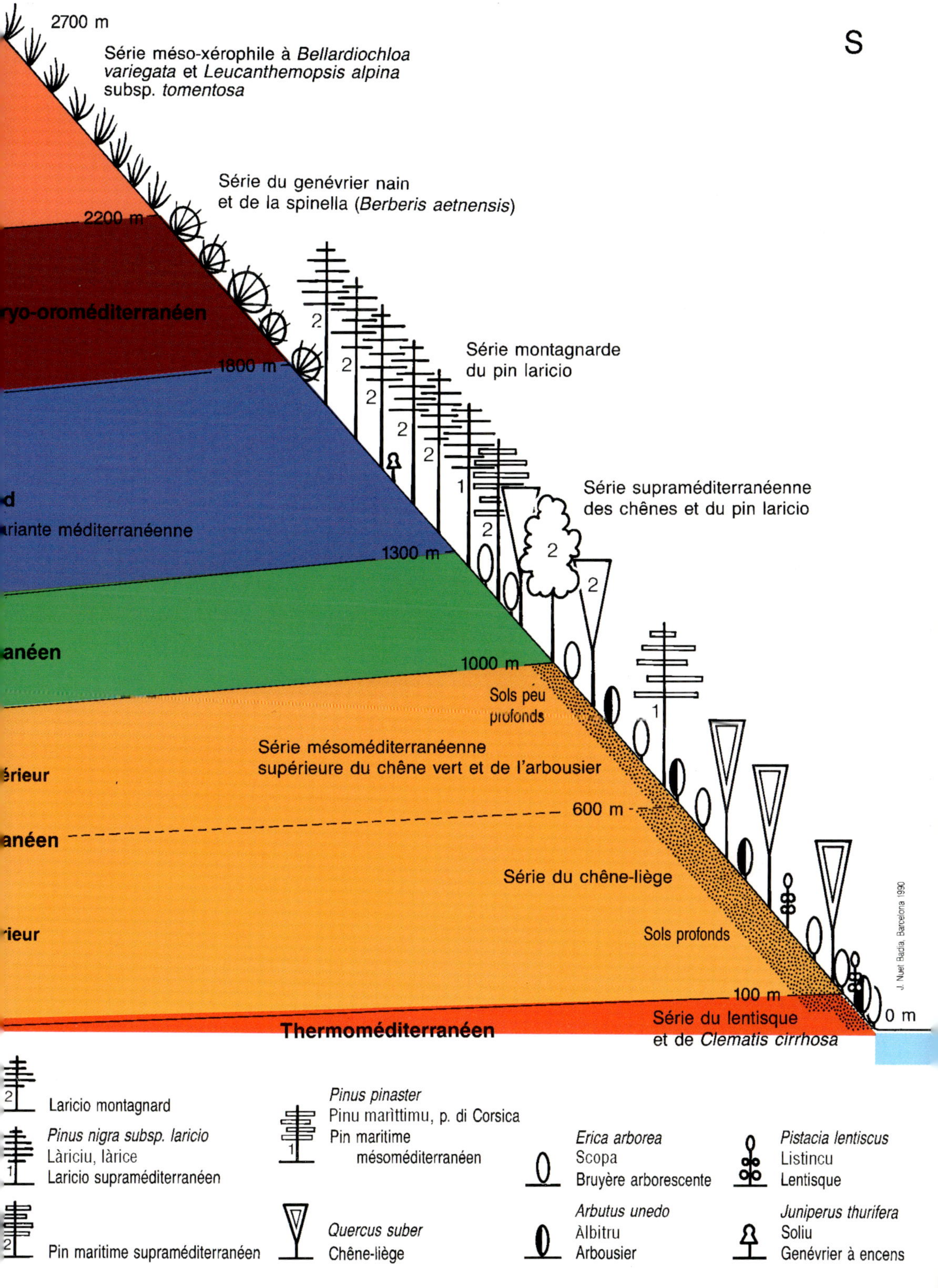

2700 m
S
Série méso-xérophile à Bellardiochloa variegata et Leucanthemopsis alpina subsp. tomentosa
Série du genévrier nain et de la spinella (Berberis aetnensis)
2200 m
ryo-oroméditerranéen
2
1800 m
Série montagnarde du pin laricio
2
2
2
2
1
d
ariante méditerranéenne
Série supraméditerranéenne des chênes et du pin laricio
2
2
2
1300 m
anéen
1000 m
Sols peu profonds
1
Série mésoméditerranéenne supérieure du chêne vert et de l'arbousier
érieur
600 m
anéen
Série du chêne-liège
rieur
Sols profonds
J. Nuet Badia, Barcelona 1990
100 m
0 m
Thermoméditerranéen
Série du lentisque et de Clematis cirrhosa
Laricio montagnard
Pinus nigra subsp. laricio
Làriciu, làrice
Laricio supraméditerranéen
Pin maritime supraméditerranéen
Pinus pinaster
Pinu marìttimu, p. di Corsica
Pin maritime mésoméditerranéen
Quercus suber
Chêne-liège
Erica arborea
Scopa
Bruyère arborescente
Arbutus unedo
Àlbitru
Arbousier
Pistacia lentiscus
Listincu
Lentisque
Juniperus thurifera
Soliu
Genévrier à encens

Rochers et falaises littoraux calcaires à Bunifaziu. Ils portent en particulier *Limonium obtusifolium*. Noter le "grain de sable", gros bloc avancé en mer. Photo J.-F. Marzocchi.

Embouchure de l'Ostriconi, au sud des Agriate. Au bord de la rivière, groupements de roselières ; au troisième plan, groupements de dunes ; au fond, groupements de maquis.
Photo J. Gamisans.

Réserve naturelle de Scàndula, au fond, la Punta Palazzu et ses falaises rhyolitiques portant le groupement à *Armeria soleirolii* et *Seseli praecox* ; au premier plan, cistaies et maquis.
Photo J. Gamisans.

ROCHERS ET ROCAILLES SOUMIS AUX EMBRUNS SALÉS

Les Limonium traités ici ont été rassemblés en groupes d'espèces très affines (voir Arrigoni & Diana, "Le genre Limonium en Corse", Candollea, *1993, [2], travail auquel il convient de se référer pour plus de détails).*

Les Limonium

GROUPE DE LIMONIUM ARTICULATUM
T : 5-25 cm
D : 5-8 mm

Limonium articulatum
(Loisel.) O. Kuntze
(limonium articulé)
Plumbaginaceae
(juin) juillet-octobre
[End. Co] £ (LI)
Groupements de rochers siliceux régulièrement soumis aux embruns. Fréquent sur la côte occidentale entre Scàndula et le golfe du Vallincu.

Limonium contortirameum
(Mabille) Erben
[End. Co] £ (LI)
Comme le précédent mais présent surtout dans le Cap et le sud et sud-est de la Corse.

ROCHERS ET ROCAILLES SOUMIS AUX EMBRUNS SALÉS

Les Limonium

GROUPE DE LIMONIUM ARTICULATUM

Limonium corsicum
Erben
[End. Co] R (LI)
Comme *L. articulatum* mais localisé entre Calvi et Scàndula.

Les Limonium

GROUPE DE
LIMONIUM ARTICULATUM

Limonium florentinum
Arrigoni & Diana
[End. Co] RR (li)
Comme *L. articulatum* mais localisé à Saint-Florent et à la Revellata.

* **Limonium strictissimum**
(Salzm.) Arrigoni
[End. Co-Sa] LOC (li)
Comme *L. articulatum* mais localisé sur des substrats calcaires et des sables littoraux à Sant'Amanza et près de l'étang de Biguglia.

ROCHERS ET ROCAILLES SOUMIS AUX EMBRUNS SALÉS

Les Limonium

GROUPE DE LIMONIUM ARTICULATUM

Limonium tarcoense Arrigoni & Diana
[End. Co] RR (li)
Comme *L. articulatum* mais localisé sur les côtes granitiques des environs de Tarcu.

ROCHERS ET ROCAILLES SOUMIS AUX EMBRUNS SALÉS

Les Limonium

GROUPE DE LIMONIUM ACUTIFOLIUM
T : 5-18 cm
D : 5-8 mm

Limonium obtusifolium
(Rouy) Erben
(limonium à feuilles obtuses)
Plumbaginaceae
(juin) juillet-octobre
[End. Co] LOC (LI)
Groupements de rochers maritimes calcaires. Répandu depuis le golfe de Sant'Amanza jusqu'autour de Bunifaziu.

Limonium bonifaciense
Arrigoni & Diana
[End. Co] RR (li)
Très proche du précédent mais localisé sur des filons et dykes basiques associés aux granites, dans le secteur du Capu di Fènu de Bunifaziu.

ROCHERS ET ROCAILLES SOUMIS AUX EMBRUNS SALÉS

Les Limonium

GROUPE DE LIMONIUM VIRGATUM

Limonium dubium (Guss.) Litard.
(limonium douteux)
Plumbaginaceae
juillet-octobre
[End. Co-Sa-Sicile] ♿ (LI)
Espèce des bordures de marécages salins en arrière des dunes. Elle est assez répandue dans la région de Saint-Florent, disséminée dans le Cap, l'Ostriconi, Biguglia. Elle est présente aussi dans le sud-est.
T : 15-40 cm
D : 5-8 mm

ROCHERS ET ROCAILLES SOUMIS AUX EMBRUNS SALÉS

Les Limonium

GROUPE DE LIMONIUM DENSIFLORUM

Limonium patrimoniense
Arrigoni & Diana
(limonium de Capu Patrimoniu)
Plumbaginaceae
septembre
[End. Co] RR (li)
Espèce des rochers calcaires soumis aux embruns. Elle est localisée sur les côtes du Capu Patrimoniu, près de Saint-Florent.
T : 20-50 cm
D : 5-8 mm

ROCHERS ET ROCAILLES SOUMIS AUX EMBRUNS SALÉS

Allium acutiflorum Loisel.
(ail à fleurs aiguës)
Liliaceae
(avril) mai-juin
[End. Co-Provence-Ligurie] R (li tm me)
Groupements irrégulièrement soumis aux embruns (ceinture à immortelle d'Italie), pelouses rocailleuses parfois plus éloignées de la mer. Présent sur la côte occidentale entre Portu et Calvi.
T : 20-40 cm
D : 5 mm

* **Seseli praecox** (Gamisans) Gamisans
(séséli précoce)
Apiaceae
(avril) mai-juin (juillet, octobre)
[End. Co-Sa] R (li me)
Rochers maritimes siliceux, pénètre parfois légèrement à l'intérieur des terres sur falaises. Espèce rare, localisée entre Calvi et Portu, où elle est parfois associée à *Armeria soleirolii*. Son aspect rappelle celui de la criste marine (*Crithmum maritimum*), surtout pour ce qui concerne les feuilles charnues.
T : 10-30 cm
D ombelle : 3-6 cm

ROCHERS ET ROCAILLES SOUMIS AUX EMBRUNS SALÉS

* **Armeria soleirolii** (Duby) Godron
(arméria de Soleirol)
Plumbaginaceae
(avril) mai-juin (juillet)
[End. Co] LOC (li tm me)
Rochers maritimes siliceux, pénètre parfois légèrement à l'intérieur des terres sur falaises. Espèce localisée entre Calvi et Portu où elle peut être parfois abondante (Scàndula). Les populations de la Revellata, près de Calvi, ont des fleurs roses, celles de Scàndula ont des fleurs blanches.
T : 15-25 cm
D inflorescence : 18-25 mm

* **Silene velutina** Loisel.
(silène velouté)
Caryophyllaceae
mai-juin (juillet)
[End. Co-Sa] LOC (LI)
Rochers, chaos, falaises maritimes régulièrement soumis aux embruns. Espèce d'une grande beauté, peu abondante mais connue d'une quinzaine de localités, essentiellement sur des îlots de la côte SE de la Corse.
T : 25-40 cm
D : 25-28 mm

ROCHERS ET ROCAILLES SOUMIS AUX EMBRUNS SALÉS

Galium verrucosum Hudson var. **halophilum** (Ponzo) Natali & Jeanmonod
(gaillet halophile)
Rubiaceae
avril-mai (juin)
[End. Co-Sa-Elbe-Sicile] £ (LI me)
Sables maritimes, rochers, chaos, falaises, rocailles, pelouses, soumis régulièrement aux embruns. Plante surtout présente dans le sud de la Corse, entre les golfes de Pruprià (Propriano) et de Portivechju.
T : 5-30 cm

Artemisia caerulescens L. subsp. **gallica** (Willd.) K. Persson var. **densiflora** (Viv.) Gamisans
(armoise à fleurs denses)
Asteraceae
(septembre) octobre
[End. Co-Sa] RR (li tm)
Espèce des rochers calcaires soumis aux embruns, mais présente aussi dans certaines pelouses sublittorales. Elle est localisée près du phare de Pertusatu et quelques autres points des alentours de Bunifaziu.
T : 15-40 cm
D capitule : 2.2-2.8 mm

ROCHERS ET ROCAILLES SOUMIS AUX EMBRUNS SALÉS

* **Evax rotundata**
Moris
(évax arrondi)
Asteraceae
avril-mai (juin)
[End. Co-Sa] LOC (LI)
Groupements littoraux des replats rocailleux, terreux ou sablonneux, régulièrement soumis aux embruns. Espèce localisée sur les îles Sanguinaires, et les régions de Bunifaziu et Portivechju.
T : 1-3 cm
D capitule : 2-5 mm

* **Spergularia macrorhiza**
(Loisel.) Heynh
rinaghjola marina
(spergulaire à grosse racine)
Caryophyllaceae
(avril) mai-juin (juillet)
[End. Co-Sa] £ (LI)
Groupements littoraux des replats rocailleux, terreux ou sablonneux, régulièrement soumis aux embruns. Espèce assez répandue sur les côtes sud-ouest et sud-est de la Corse.
T : 5-15 cm
D : 9-12 mm

ROCHERS ET ROCAILLES SOUMIS AUX EMBRUNS SALÉS

Romulea requienii Parl.
(romulée de Requien)
Iridaceae
(janvier) mars-avril (mai)
[End. Co-Sa-W Italie] ♣ (LI TM me sm)
Groupements irrégulièrement soumis aux embruns, sur rocailles et terre, pelouses de transition entre les groupements des marais à salicornes et les pelouses non salées, pelouses diverses et mares temporaires du thermo- et du mésoméditerranéen, plus rarement du supraméditerranéen.
Espèce disséminée du Cap Corse à Bunifaziu mais présentant une aire très discontinue.
T : 3-10 cm ; D : 22-30 mm

* **Romulea revelieri** Jordan & Fourr.
(= *R. insularis* Sommier)
(romulée de Revelière)
Iridaceae
(mars) avril-mai
[End. Co-Sa-Capraia] R (LI tm me sm mo)
Groupements irrégulièrement soumis aux embruns, sur rocailles et terre, pelouses de transition entre les groupements des marais à salicornes et les pelouses non salées, pelouses diverses et mares temporaires des thermo-, méso- et supraméditerranéen, plus rarement du montagnard.
Espèce rare, disséminée depuis le Cap Corse jusqu'aux environs de Bunifaziu.
T : 3-8 cm ; D : 12-20 mm

ROCHERS ET ROCAILLES SOUMIS AUX EMBRUNS SALÉS

Romulea corsica Jordan & Fourr.
(romulée corse)
Iridaceae
(février) mars-avril
[End. Co] RR (li tm)
Pelouses de transition entre les groupements des marais à salicornes et les pelouses non salées, pelouses diverses et mares temporaires du thermoméditerranéen. Plante très rare, connue de 4 localités en Corse (Cap Corse et extrême sud de l'île), caractérisée par un pollen très fortement stérile (Moret, communication orale) et de nature probablement hybride (? *R. requienii x R. revelieri*).
T : 3-8 cm
D : 20-28 mm

GROUPEMENTS DES SUBSTRATS SABLEUX

* **Armeria pungens** (Link) Hoffmanns. & Link
(arméria piquante)
Plumbaginaceae
mai-juin
[End. Co-Sa-SW Péninsule ibérique] ♧ (LI)
Sables plus ou moins fixés, d'arrière-plage ou d'arrière-dune.
Autrefois connue à Biguglia et Aiacciu, cette espèce ne semble actuellement présente qu'à l'est de Bunifaziu et aux îles Piana et Cavallu. C'est, au sein du genre *Armeria*, une plante particulièrement robuste.
T : 10-40 cm
D capitule : 20-30 mm

Polygonum scoparium Loisel.
(renouée en balai)
Polygonaceae
mai-juin
[End. Co-Sa] ♧ (LI ri1 tm me)
Groupements nitrophiles des arrière-plages, parfois rocailles ou rochers plus éloignés de la mer. Espèce surtout présente sur la côte occidentale entre l'Ostriconi et Portu, ainsi que près de la marine d'Albu (Cap). Elle est caractérisée par son aspect de prêle.
T : 40-90 cm
D : 2 mm

GROUPEMENTS DES SUBSTRATS SABLEUX

* **Anchusa crispa**
Viv.
(buglosse crispée)
Boraginaceae
(avril) mai-juin
[End. Co-Sa] R (li)
Groupements nitrophiles des plages. Espèce disséminée sur quelques points du littoral [Cap, Pruprià, Foni (Favone), Cannella...], menacée de disparition en raison de la fréquentation de ces milieux.
T : 10-30 cm
D : 10-12 mm

Groupements des substrats sableux

Silene sericea All.
(silène soyeux)
Caryophyllaceae
(avril) mai-juin
[End. Co-Sa-Baléares-Ligurie] C (LI)
Groupements d'arrière-plages. Espèce annuelle, fréquente sur la côte occidentale de la Corse.
T : 8-22 cm
D : 22-28 mm

Silene succulenta Forsskal
subsp. **corsica** (DC.) Nyman
(silène corse)
Caryophyllaceae
(avril) mai-juin
[End. Co-Sa] £ (LI)
Groupements d'arrière-plages. Espèce vivace, présente le long de la côte occidentale (rare dans le sud) et dans la partie nord de la côte orientale.
T : 8-25 cm
D : 18-25 mm

GROUPEMENTS DES SUBSTRATS SABLEUX

Plantago coronopus L.
subsp. **humilis** (Guss.) Gamisans
córna cervina marina
(plantain humble)
Plantaginaceae
(avril) mai-octobre
[End. Co-Sa-Sicile-Italie méridionale]
£ (LI)
Dunes, arrière-plages, rocailles sableuses, pelouses littorales.
Disséminé sur toutes les côtes mais semble absent de la côte occidentale (très rocheuse) entre Calvi et Pruprià.
T : 5-35 cm
D : 3-3.8 mm

* **Linaria flava** (Poiret) Desf. subsp. **sardoa** (Sommier) A. Terracc.
(linaire sarde)
Scrophulariaceae
mars-mai
[End. Co-Sa] R (li)
Sables des plages et arrière-plages. Disséminée sur les côtes des golfes d'Aiacciu, Pruprià et Fìcari.
T : 5-20 cm
L : 10-14 mm

Réserve naturelle de Scàndula, îlot de Ghjàrgali, maquis thermoméditerranéen à euphorbe arborescente. Photo J. Gamisans.

Rochers calcaires des Strètte de San Fiurenzu, portant un maquis thermoméditerranéen à euphorbe arborescente. Au premier plan, la ripisylve de "la Strutta" où quelques lauriers-roses sont présents çà et là (non visibles ici). Photo J.-F. Marzocchi.

FRUTICÉES BASSES OUVERTES (Maquis bas, Cistaies)

Aristolochia tyrrhena Nardi & Arrigoni
(aristoloche tyrrhénienne)
Aristolochiaceae
avril-mai (juin)
[End. Co-Sa] R (TM me sm)
Espèce surtout présente, en Corse, dans les maquis thermo-méditerranéens, mais récemment observée aussi à plus haute altitude. Elle semble essentiellement localisée entre Galeria et Portu.
T : 10-35 cm
L : 25-35 mm

Allium roseum L. var. **insulare** Gennari
(ail rosé insulaire)
Liliaceae
(avril) mai-juin
[End. Co-Sa] LOC (li tm)
Plante localisée dans les cistaies et les fruticées naines du plateau calcaire de Bunifaziu où elle est aussi présente dans la végétation soumise aux embruns. Elle est de plus petite taille que le var. *roseum* et ses fleurs sont souvent plus pâles.
T : 10-20 cm
D : 8 mm

FRUTICÉES BASSES OUVERTES (Maquis bas, Cistaies)

Arum pictum L. fil.
(arum peint)
Araceae
octobre-novembre
[End. Co-Sa-Baléares-Capraia] ♧ (TM ME)
Présent dans les pelouses, les fruticées naines, les cistaies, les maquis bas et ouverts, cet arum à floraison automnale semble surtout fréquent au sud d'une ligne Carghjese-Sulinzara.
T : 15-20 cm
L spathe : 10-18 cm

* **Dracunculus muscivorus** (L. fil.) Parl.
(≡ *Arum muscivorum* L. fil.)
arèchja di porcu
(arum mange-mouches)
Araceae
(avril) mai-juin
[End. Co-Sa-Baléares] ♧ (TM me sm)
Espèce présente dans les lisières de cistaies et de maquis, mais aussi dans les pelouses, les bords rocailleux de torrents intermittents, les anfractuosités de rochers calcaires ou siliceux, surtout aux étages thermo- et mésoméditerranéen. Plante actuellement connue de 13 localités distinctes (Monte di A Supetra, Scala di Santa Righjina, Fangu, Scàndula…). Elle est assez abondante dans la réserve des îles Lavezzi. Elle a, par contre, été pratiquement éradiquée de l'île Cavallu au moment de l'aménagement touristique de celle-ci (M. Conrad, communication orale) : la forte odeur de charogne qui se dégage de l'inflorescence de cette plante incommodait trop les clients ! Et pourtant, c'est grâce à cette odeur que les mouches sont attirées et jouent ainsi un rôle capital dans les phénomènes de pollinisation indispensables à la reproduction.
T : 25-45 cm L spathe : 18-35 cm

PELOUSES

* **Ornithogalum exscapum** Ten.
subsp. **sandalioticum**
Tornadore & Garbari
stella bianca
(ornithogale sarde)
Liliaceae
avril-mai
[End. Co-Sa] Loc (tm)
Localisé essentiellement dans les pelouses thermoméditerranéennes du plateau calcaire de Bunifaziu où il peut être localement abondant.
T : 2-8 cm
D : 20-28 mm

PELOUSES

Ophrys morisii (Martelli) Cif. & Giacomini
(ophrys de Moris)
Orchidaceae
(mars) avril (mai)
[End. Co-Sa] R (TM me)
Espèce des pelouses, fruticées naines, cistaies, surtout thermoméditerranéennes, essentiellement observée sur les calcaires de San Fiurenzu et Bunifaziu.
T : 10-35 cm
L labelle : 10-16 mm

Ophrys sphegodes Miller subsp. **praecox** Corrias
(ophrys précoce)
Orchidaceae
mars-avril
[End. Co-Sa] R (TM)
Espèce des pelouses et fruticées naines thermoméditerranéennes, essentiellement observée sur les substrats calcaires des régions de San Fiurenzu, Corti, Bunifaziu.
T : 20-40 cm
L labelle : 10-15 mm

PELOUSES

* **Romulea ligustica** Parl.
(romulée de Ligurie)
Iridaceae
février-avril
[Sténoméd-SW] RR (tm)
Espèce des pelouses et fruticées ouvertes, très rare, et qui semble avoir disparu de quelques localités corses où elle avait été observée au début du siècle. Elle n'a été revue récemment que dans la région de Bunifaziu. Bien que non strictement endémique (présence en Afrique du Nord), cette espèce a été traitée ici en raison de son extrême rareté et du fait que les populations corses mériteraient une étude comparée avec celles de l'ensemble de l'aire.
T : 3-9 cm
D : 12-28 mm

* **Serapias nurrica** Corrias
(sérapias de Nuoro)
Orchidaceae
avril-mai
[End. Co-Sa] R (TM me)

Ce sérapias colonise les pelouses silicicoles relativement humides (souvent à proximité de mares temporaires) des étages thermoméditerranéen et mésoméditerranéen, en de rares points du sud de l'île.
Proche de *Serapias vomeracea*, il s'en distingue par son labelle souvent plus court et toujours bordé d'une nette marge blanchâtre.
T : 10-30 cm ; L labelle : 10-15 mm

Crocus minimus DC.
zafranu minutu
(crocus tout-petit)
Iridaceae
janvier-mars (avril)
[End. Co-Sa-Capraia] ♧ (TM ME sm mo)
Espèce présente dans les pelouses et les fruticées ouvertes surtout des étages thermo- et mésoméditerranéen mais aussi des étages supraméditerranéen et montagnard où elle est toutefois bien plus rare. Signalée à Bastìa et Aleria, elle semble un peu plus fréquente dans la moitié sud de la Corse ; une douzaine de localités sont actuellement répertoriées. Voir ce qui est écrit à propos de *Crocus corsicus* pour la distinction de ces deux espèces et leurs localisations respectives.
T : 5-12 cm
D : 28-45 mm

Scilla obtusifolia Poiret
subsp. **intermedia** (Guss.) Béguinot
(scille à feuilles obtuses)
Liliaceae
septembre-octobre
[End. Co-Sa-Baléares-Espagne] LOC (tm me)
Cette scille est le plus souvent présente dans des micropelouses ou des fruticées naines installées dans des diaclases ou entre de gros blocs granitiques juxtaposés. Elle semble surtout localisée dans les régions de l'extrême sud de la Corse. Au moment de la floraison (automnale), son aspect est tout à fait proche de celui des individus les plus robustes de *Scilla autumnalis* var. *autumnalis*, surtout si les feuilles ne sont pas encore visibles. Ces dernières apparaissent souvent en fin de floraison, elles sont larges (0,5-2 cm) et permettent une identification sans ambiguïté relativement à la scille automnale à feuilles très étroites. Ces feuilles persistent jusqu'au mois de mai, alors que l'inflorescence disparaît après novembre.
T : 10-25 cm
D : 8-10 mm

PELOUSES

Scilla autumnalis L. var. **corsica** (Boullu) Briq.
(scille automnale de Corse)
Liliaceae
septembre-mars
[End. Co-Sa] R (tm)
Taxon des pelouses, fruticées naines, cistaies, observée uniquement dans la région de Bunifaziu et près d'Aiacciu. Relativement au var. *autumnalis*, il apparaît nettement plus petit et moins florifère et est diploïde. Il semble proche du var. *gracillima* Batt., décrit d'Afrique du Nord et également présent en Corse.
T : 2-7 cm
D : 6-8 mm

* **Colchicum corsicum** Baker
(colchique corse)
Liliaceae
septembre-octobre
[End. Co-Sa] RR (tm me sm)
Ce colchique a surtout été observé en position sublittorale. Il est essentiellement présent sur des sols épais, retenant bien l'eau une grande partie de l'année et où se développent des pelouses à vivaces légèrement hygrophiles. Le colchique corse y est souvent cantonné à la limite de fruticées ou d'affleurements rocheux, comme s'il supportait mal le piétinement. Il a surtout été noté à l'étage thermoméditerranéen, mais des observations récentes montrent qu'il est aussi plus alticole. Cette espèce n'est connue que dans le sud de la Corse.
T : 3-12 cm ; D : 20-30 mm

PELOUSES

* **Morisia monanthos** (Viv.) Ascherson (morisie à fruits enfouis) *Brassicaceae* mars-juin, suivant l'altitude [End. Co-Sa] LOC (tm me SM) Espèce présente dans les pelouses à sols maigres temporairement humides ou les substrats saisonnièrement suintants des étages thermo-, méso- et supraméditerranéen (0-1 200 m). Elle n'est connue que du Cap Corse et du secteur de Bunifaziu. Espèce remarquable par sa géocarpie (enfouissement des fruits) et son statut de paléoendémique.
T : 2-6 cm ; D : 15-22 mm

* **Nananthea perpusilla** (Loisel.) DC. (nananthée toute-petite) *Asteraceae* novembre-juin (optimum avril-mai) [End. Co-Sa] LOC (li tm) Cet endémique est toujours situé sur des îlots ou des caps faisant face à ces îlots. Il y colonise des dépressions arénacées plus ou moins inondées de l'automne au printemps, souvent au pied de blocs granitiques. Cette espèce s'y développe en colonies denses (la plante est vivace et stolonifère) excluant pratiquement tout autre plante. Espèce très localisée, observée au sud du port de Centuri (Cap Corse), aux îles Sanguinaires (Mezu Mare), à l'île Cavallu et sur l'île principale des Lavezzi. Les populations des Lavezzi sont caractérisées par l'absence de fleurs ligulées, alors que celles de Mezu Mare en possèdent.
T : 1-5 cm ; D capitule : 2-3 mm

ROCHERS

La Trinité de Bunifaziu, rochers granitiques où se développe la seule population corse de *Centranthus trinervis* ; au premier plan, un maquis thermoméditerranéen.
Photo J. Gamisans.

* **Centranthus trinervis** (Viv.) Bég.
(centranthe à trois nervures)
Valerianaceae
(avril) mai (juin)
[End. Co-Sa] RR (tm)
Espèce très rare en Corse où elle est localisée sur des falaises du mont de la Trinité, près de Bunifaziu, où une partie de sa population a souffert de l'incendie de l'été 1994.
T : 20-35 cm
D : 4-5 mm

GROUPEMENTS NITROPHILES

Ferula arrigonii
Bocchieri
(férule d'Arrigoni)
Apiaceae
mai
[End. Co-Sa] RR (tm)
Espèce récemment observée dans les friches et les fruticées basses des alentours de Bunifaziu.
T : 100-170 cm
D ombelle : 8-10 cm

Maquis mésoméditerranéen autour des rochers granitiques des Calanche di Piana.
Photo J.-F. Marzocchi.

Cima di A Terza Battaglia, au sud du col de Tighjime, falaises calcaires abritant une population de chou insulaire (*Brassica insularis*) et maquis mésoméditerranéen. Photo J. Gamisans.

MAQUIS, CISTAIES

Rubia peregrina L. subsp. **requienii** (Duby) Cardona & Sierra-Ràfols
appicciicamanu
(garance de Requien)
Rubiaceae
mai-juillet
[End. Co-Sa-Capri-Italie méridionale] CC (li me SM mo)
Espèce des maquis et forêts (0-1 200 m), commune dans toute la Corse. Elle se distingue facilement des subsp. *peregrina* et *longifolia* (Poiret) O. Bolós par ses feuilles très étroites et falciformes.
T : 10-80 cm
D : 6-8 mm

Bryonia marmorata Petit
zuccaccia
(bryone marbrée)
Cucurbitaceae
mai-juin
[End. Co-Sa] £ (li TM ME sm)
Espèce des forêts claires et des maquis, disséminée dans toute l'île, mais jamais très abondante.
T : 80-200 cm
D : 18-20 mm

MAQUIS, CISTAIES

Leucojum roseum F. Martin
(nivéole rose)
AmaryllidaceaeM
septembre-novembre
[End. Co-Sa] R (tm ME)
Groupements de forêts et maquis clairs, de pelouses, parfois temporairement humides entre le bord de mer et 500 m d'altitude environ. Espèce peu commune, disséminée le long de la côte occidentale entre les Agriate et Bunifaziu et remontant de là sur la côte orientale jusqu'aux Trè Paduli di Suartonu. Les fleurs rosées, la petite taille et la floraison automnale permettent de la distinguer facilement de la nivéole à feuilles longues.
T : 5-15(-20) cm
D : 7-10 mm

* **Leucojum longifolium**
(M. J. Roemer) Gren.
(nivéole à feuilles longues)
Amaryllidaceae
(avril) mai-juin
[End. Co] LOC (tm ME SM mo)
Cette nivéole est présente dans les forêts et les maquis clairs, les cistaies, les fruticées naines, les pelouses, plus rarement les rochers, de 50 à 1 200 m d'altitude. Espèce localisée dans le massif du Cintu (jusqu'à proximité de la mer) et le nord du massif du Ritondu, mais pouvant être localement fréquente.
T : 15-25 cm
D : 9-10 mm

MAQUIS, CISTAIES

* **Thymelaea tarton-raira** (L.) All. subsp. **thomasii** (Duby) Arcangeli
(passerine de Thomas)
Thymelaeaceae
mai-juin
[End. Co] RR (me)
Cistaies et pelouses. Taxon très localisé entre Ponte Leccia (Ponte à A Leccia) et Multifau. Il se distingue du subsp. *tarton-raira* (à feuilles pubescentes, présent aussi en Corse) par ses feuilles presque glabres et pruineuses.
T : 20-60 cm
D : 5-6 mm

* **Euphorbia pithyusa** L. subsp. **cupanii** (Bertol.) A.R. Sm
(euphorbe de Cupani)
Euphorbiaceae
mai-août
[End. Co-Sa-Sicile] LOC (me)
Cistaies, fruticées naines, friches, pelouses (200-700 m).
Ce taxon, localisé dans la région de Ponte Leccia, se distingue du subsp. *pithyusa* par les glandes du cyathium deux fois plus larges, prolongées en cornes obtuses (et non réduites à un cal).
T : 30-50 cm
D cyathe : 12-14 mm

MAQUIS, CISTAIES

Pancratium illyricum L.
ciòlla canina
(pancratium d'Illyrie)
Amaryllidaceae
mai-juin
[End. Co-Sa-Capraia] CC (TM ME SM mo)
Maquis ouverts, cistaies, pelouses, anfractuosités de dalles (0-1 200 m). Espèce répandue dans l'île entière, remarquable par ses belles et grandes fleurs blanches.
T : 30-70 cm
D : 80-110 mm

Ptilostemon casabonae (L.) Greuter
(ptilostémon de Casabona)
Asteraceae
(mai) juin-août
[End. Co-Sa-Elbe-îles d'Hyères] C (ME sm)
Maquis clairs, cistaies, pelouses (0-900 m). Cette espèce, répandue dans l'île entière, se distingue facilement des autres chardons grâce à ses épines groupées par trois sur le bord des feuilles. Certains individus peuvent atteindre 2 m de hauteur.
T : 50-200 cm
D capitule : 10-13 mm

FRUTICÉES NAINES (Buissons de moins de 50 cm de hauteur)

Stachys glutinosa L.
erba strèga, erba puzzinòsa
(épiaire poisseuse)
Lamiaceae
(avril) mai-juillet
[End. Co-Sa-Capraia] CC (TM ME sm)
Fruticées naines, cistaies, rochers (0-900 m). Espèce répandue dans l'île entière.
T : 15-40 cm
L : 18-20 mm

FRUTICÉES NAINES (Buissons de moins de 50 cm de hauteur)

Genista corsica (Loisel.) DC.
córa
(genêt corse)
Fabaceae
mai-juin
[End. Co-Sa] CC (li TM ME SM)
Fruticées naines, cistaies, maquis ouverts (0-1 200 m). Espèce répandue dans l'île entière.
T : 20-100 cm
L : 14-18 mm

FRUTICÉES NAINES (Buissons de moins de 50 cm de hauteur)

* **Teucrium marum** L.
pivarélla
(germandrée marum, herbe aux chats)
Lamiaceae
mai-juillet
[End. Co-Sa-Baléares-Capraia-Monte Cristo-îles d'Hyères-Murter (Croatie)] CC (TM ME SM mo)
Fruticées naines, cistaies (0-1 700 m).
Espèce répandue dans l'île entière.
T : 20-50 cm
L : 10-12 mm

Allium parciflorum Viv.
(ail à fleurs éparses)
Liliaceae
mai-juillet
[End. Co-Sa] C (tm ME SM MO or)
Fruticées naines, cistaies, pelouses, jusqu'à 1 800 m d'altitude environ.
Espèce répandue dans l'île entière.
T : 15-40 cm
L : 10-12 mm

FRUTICÉES NAINES (Buissons de moins de 50 cm de hauteur)

Micromeria filiformis (Aiton) Bentham subsp. **minutiflora** (L. Chodat) Kerguélen (micromérie à petites fleurs)
Lamiaceae
mai-juillet
[End. Co] LOC (tm ME)
Fruticées naines, rochers. Plante localisée dans le nord de l'île, près de Casa Mozza, Penta di Casinca, Saint-Florent.
T : 2-10 cm
D : 4 mm

FRUTICÉES NAINES (Buissons de moins de 50 cm de hauteur)

Srophularia canina L. var. **deschatresii** Gamisans (scrofulaire de Deschâtres)
Scrophulariaceae
mai-juin
[End. Co] RR (me sm)
Fruticées naines, pelouses rocailleuses, éboulis, sur les serpentines (250-)800-1 100 m). Ce taxon a été noté seulement sur les massifs du Cap Corse, de Tenda et du San Petrone. Il se distingue du var. *canina* par son port en coussinet, ses rameaux plus courts et ses inflorescences réduites à 1-3 fleurs. Il se rapproche ainsi du *S. ramosissima* Loisel. dont il s'écarte par les feuilles basales pennatipartites à pennatiséquées.
T : 20-40 cm
D : 6-8 mm

PELOUSES

* **Biscutella rotgesii** Fouc.
(lunetière de Rotgès)
Brassicaceae
(avril) mai-juin
[End. Co] RR (me)
Pelouses rocailleuses et éboulis sur serpentines. Espèce localisée près de l'Inzecca et de Ponte Leccia.
T : 8-18 cm
L : 5-7 mm

Ophrys conradiae Melki & Deschâtres
(= *O. scolopax* auct.)
(ophrys de Marcelle Conrad)
Orchidaceae
mai-juin
[End. Co-Sa] ♣ (tm ME)
Espèce des pelouses calcicoles, rarement des fruticées naines (5-350 m), remarquable par sa floraison tardive (le plus souvent début juin). Elle semble localisée dans les régions de Saint-Florent, San Ghjulianu, Corti, Bunifaziu.
T : 20-60 cm
L labelle : 9-14 mm

Polygala nicaeensis Koch subsp. **corsica** (Boreau) Graebner var. **corsica**
(polygala corse)
Polygalaceae
mai-juillet
[End. Co] ♣ (tm ME SM mo)
Plante des pelouses, fruticées naines et basses et forêts claires (0-1 250 m). Elle est fréquente dans le Cap Corse et disséminée ailleurs en Corse.
T : 15-30 cm
L : 7-10 mm

PELOUSES

Centaurium erythraea Rafn subsp. **rhodense** (Boiss. & Reuter) Melderis var. **sanguineum** (Mabille) Gamisans
(centaurium sanguin)
Gentianaceae
mai-juillet (septembre)
[End. Co-Sa] RR (tm me sm)

Taxon rare et disséminé en Corse où il colonise divers types de pelouses. Il est caractérisé par un calice de 5-6 mm de long, égalant environ la moitié du tube de la corolle à l'anthèse ; une corolle de 14-16 mm de long, à lobes de 5-7 mm, à tube de 8-10 mm ; des anthères de 1,5-3 mm de long.

T : 3-15 cm
L : 14-16 mm

Urtica atrovirens Loisel.
ùrtica corsa, urtìcula niraghja
(ortie vert-noirâtre)
Urticaceae
avril-juin
[End. Co-Sa-Baléares-Elbe-Capraia-Toscane] C (tm ME SM)
Groupements nitrophiles des abords d'habitations, de bergeries, décombres (0-1 200 m). Espèce répandue dans l'île entière. Cette ortie se distingue de l'ortie commune par sa couleur plus sombre et ses feuilles plus profondément incisées.
T : 30-80 cm
L inflorescence : 25-35 mm

Carduus cephalanthus Viv.
(chardon en tête)
Asteraceae
mai-juillet
[End. Co-Sa-archipel toscan-Italie-Sicile] C (li TM ME SM)
Ce chardon nitrophile, assez répandu, peut être observé depuis la ligne littorale jusqu'à 1 300 m environ. Il est finement épineux et caractérisé par ses capitules nombreux, regroupés en une grosse tête.
T : 30-80 cm
D capitule : 15-18 mm

GROUPEMENTS NITROPHILES

Scrophularia trifoliata L.
(scrofulaire trifoliée)
Scrophulariaceae
mai-juin (juillet)
[End. Co-Sa-Gorgona-Monte Cristo] ♃ (tm ME SM mo)
Plante nitrophile des clairières et forêts claires, des bords de ruisseaux, des lieux frais des friches et des vieux murs
(0-1 300 m). Assez fréquente dans le Cap Corse, elle est disséminée ailleurs en Corse. Le var. *trifoliata* (à feuilles composées de 3-7 folioles) est plus largement répandu que le var. *integrifolia* Gamisans (à feuilles entières).
T : 30-150 cm
L : 12-15(-18) mm

ROCHERS

Asplenium balearicum Shivas
(asplénium des Baléares)
Apleniaceae, Pteridophyta
[End. Co-Sa-Baléares-Capraia-Palmarola-Pantelleria] RR (me)
Espèce des fissures de rochers. Très rare, et jusqu'ici connue seulement des Agriate, cette espèce est un allopolyploïde dont les ancêtres sont *A. obovatum* Viv. et *A. onopteris* L.
T : 10-30 cm

ROCHERS

Dryopteris tyrrhena
Fraser-Jenkins & Reichst
(dryoptéris tyrrhénien)
Dryopteridaceae, Pteridophyta
[End. Co-Sa-Alpes maritimes- Capri-Elbe-Espagne-Italie] ♧ (tm me SM)
Espèce des rochers siliceux (150-1 200 m). Elle est disséminée dans le Cap Corse, le massif du Cintu et présente à la Trinité de Bunifaziu. Elle est caractérisée par des pinnules (à dents très aiguës) soudées aux axes par toute leur largeur et des indusies glanduleuses sur toute leur surface.
T : 40-80 cm

* **Dianthus furcatus** Balbis
subsp. **gyspergerae** (Rouy) Briq.
carōfanu di E Calanche
(œillet de Mme Gysperger)
Caryophyllaceae
mai-juin
[End. Co] RR (me)
Espèce très localisée sur les rochers de granite des Calanche de Piana (10-500 m).
T : 10-22 cm
D : 22-30 mm

Dianthus sylvestris Wulfen subsp. **longicaulis** (Ten.) Greuter & Burdet var. **godronianus** (Jordan) Kerguélen
carōfanu
(œillet de Godron)
Caryophyllaceae
avril-août suivant l'altitude
[End. Co-Sa-Provence] CC (me SM MO OR SA al)
Rochers, falaises, pelouses rocailleuses (10-2 400 m). Très commun dans toute l'île. Il s'agit d'une variété très faiblement individualisée.
T : 5-30(-40) cm
D : 23-32 mm

ROCHERS OMBRAGÉS

Cymbalaria aequitriloba (Viv.) A. Cheval. subsp. **aequitriloba** (linaire à 3 lobes)
Scrophulariaceae
(avril) mai-juillet
[End. Co-Sa-Baléares-Capraia-Montecristo]
C (LI tm ME SM mo)
Fissures et anfractuosités profondes et ombragées des rochers ou falaises. Espèce assez répandue dans l'île entière.
T : 5-8 cm
D : 8-10 mm

ROCHERS ET VIEUX MURS HUMIDES

Soleirolia soleirolii (Req.) Dandy
(soleirolia de Soleirol)
Urticaceae
mai-juin
[End. Co-Sa-Baléares-Italie] ♣ (ME)
Rochers suintants, vieux murs humides près des fontaines. Espèce surtout fréquente dans le nord de l'île, particulièrement dans le Cap Corse.
T : 5-20 cm
D : 5-6 mm

Castellu di Rustinu, à la limite des étages méso- et supraméditerranéen. Châtaignier, chêne vert, maquis. Photo J. Gamisans.

Monte di Cagna, bergeries de "Bitalza", forêt de pins maritimes et pelouses méso-hygrophiles. Photo J.-F. Marzocchi.

Vallon d'Ariola, près du col de Verde. Au premier plan, forêt supraméditerranéenne de pin laricio (à sous-bois de bruyère arborescente) avec bouleau ; au second plan, forêt montagnarde de pin laricio ; tout au fond, vers les crêtes, aulnaie odorante subalpine. Photo J. Gamisans.

FORÊTS

Alnus cordata (Loisel.) Duby
piralzu, pèralzu
(aulne cordé, aulne à feuilles en cœur)
Betulaceae
(février) mars-avril
[End. Co-Calabre] CC (ri1 RI2 RI3 me SM mo)
Cet arbre constitue, en Castagniccia, des forêts s'intercalant entre les hêtraies et les châtaigneraies. Il peut apparaître également au sein de ces dernières où il joue souvent le rôle de pionnier dans les clairières. Il est aussi largement présent, dans la plus grande partie de la Corse, au sein des ripisylves où il accompagne souvent l'aulne glutineux, toutefois, il est absent des aulnaies marécageuses côtières aux sols trop asphyxiques (0-1 300 m). C'est un arbre relativement exigeant pour ce qui concerne l'humidité édaphique, moins toutefois que l'aulne glutineux. Comme tous les aulnes, il est pourvu de nodosités racinaires fixatrices d'azote et apparaît ainsi comme un excellent pionnier, même sur des sols maigres, pour peu que le milieu soit suffisamment humide.
T : 4-18 m
L inflorescence femelle : 20-25 mm

Helleborus lividus Aiton
subsp. **corsicus** (Briq.) P. Fourn.
(= *H. argutifolius* Viv.)
nócca
(hellébore corse)
Ranunculaceae
(novembre) décembre-mai (juin)
[End. Co-Sa] CC (me SM MO or sa)
Plante présente dans les divers types de forêts des étages cités, mais aussi dans les fruticées naines peu dégradées et l'aulnaie odorante (0-2 300 m). Cette hellébore est commune dans toute la Corse.
T : 30-70 cm
D : 40-55 mm

* **Cardamine chelidonia** L.
(cardamine à feuilles de chélidoine)
Brassicaceae
juin
[End. Co-Italie-Sicile-Croatie] R (ri2 me sm)
Espèce des forêts (particulièrement d'if et de houx), des buxaies et des ripisylves (500-1 200 m). Elle est rare et localisée dans les massifs du Cap Corse et de Tenda. Elle est caractérisée par des fleurs d'un rose vif.
T : 10-35 cm
L silique : 30-45 mm

FRUTICÉES BASSES ET NAINES

* **Paeonia mascula** (L.) Miller subsp.**russoi** (Biv.) Cullen & Heywood var. **corsica** (Tausch) Gürke
pavonu corsu
(pivoine corse)
Paeoniaceae
avril-mai
[End. Co-Sa] R (me SM)
Cette très belle pivoine est rare et disséminée surtout dans le sud de la Corse où elle apparaît dans les fruticées basses ou naines, mais aussi dans les forêts claires (500-1 100 m).
T : 30-70 cm
D : 60-80 mm

Peucedanum paniculatum Loisel.
finochja
(peucedan en panicule)
Apiaceae
(juin) juillet-septembre
[End. Co] C (me SM mo)
Espèce caractéristique des fruticées naines supraméditerranéennes, mais pouvant être également présente au-dessus et au-dessous de cet étage (500-1 600 m). Elle est assez fréquente dans le nord et le centre de l'île, mais semble manquer au sud du col de Verde. Son feuillage finement découpé, d'aspect proche de celui du fenouil, permet de la reconnaître même à l'état stérile.
T : 70-120 cm
D ombelle : 50-90 mm

Euphorbia semiperfoliata Viv.
lattone
(euphorbe semiperfoliée)
Euphorbiaceae
(mars) avril-juillet
[End. Co-Sa] C (ri1 me SM MO)
Particulièrement fréquente dans les fruticées naines, cette euphorbe peut être aussi observée dans les forêts claires, les clairières, mais aussi les ripisylves, jusqu'à très basse altitude (0-1 600 m). Elle est assez répandue dans toute l'île.
T : 25-60 cm
D cyathe : 6-10 mm

FRUTICÉES BASSES ET NAINES

Bunium alpinum Waldst. & Kit. subsp. **corydalinum** (DC.) Nyman
(bunium à feuilles de corydale)
Apiaceae
mai-juillet (août)
[End. Co-Sa-Sierra Nevada] C (li me sm MO OR)
Plante fréquente dans les fruticées naines, mais présente aussi dans les groupements d'éboulis et certaines pelouses. Assez répandue dans la plupart des massifs corses (sauf dans le San Petrone) jusque vers 2 000 m, elle est nettement plus rare au-dessous de 1 000 m.
T : 3-20 cm
D ombellule : 15 mm

Anarrhinum corsicum
Jordan & Fourr.
(anarrhinum corse)
Scrophulariaceae
juin-juillet
[End. Co] £ (me SM mo)
Localisée dans les fruticées naines, les éboulis et parfois les pelouses ouvertes (600-1 700 m), cette espèce est disséminée depuis le massif de Tenda et du San Petrone au nord, jusqu'à l'Uspidali au sud.
T : 20-40 cm
L : 3.5-4.5 mm

Alyssum robertianum
Bernard & *al.*
(passerage de Robert, alysson de Robert)
Brassicaceae
mai-juin (juillet)
[End. Co] LOC (SM)
Caractéristique des fruticées naines de la crête du Cap Corse, cette espèce a aussi été signalée près du San Petrone (900-1 500 m), mais n'est pas connue ailleurs en Corse.
T : 10-20 cm
D : 5-7 mm

FRUTICÉES BASSES ET NAINES

Viola corsica Nyman
subsp. **corsica**
viola corsa
(violette corse)
Violaceae
(avril) mai-juillet
[End. Co] LOC (me SM)
Espèce des fruticées naines et parfois des pelouses, cette élégante pensée est localisée sur la crête du Cap Corse, jusqu'au Pignu (700-1 300 m).
T : 5-15 cm
D : 20-35 mm

Santolina corsica
Jordan & Fourr.
santulina
(santoline corse)
Asteraceae
juin-juillet (août)
[End. Co-Sa] ♣ (ME SM mo)
Cette santoline intervient dans les fruticées naines (300-1 700 m), surtout dans le massif du San Petrone et la région de Corti où elle semble s'être étendue récemment sur les bords de routes.
T : 20-40 cm
D capitule : 7-10 mm

FRUTICÉES BASSES ET NAINES

Genista salzmannii DC.
var. **salzmannii**
(genêt de Salzmann)
Fabaceae
mars-juin (juillet)
[End. Co-Sa-Elbe-Italie du nord]
C (tm me SM)
Ce genêt à rameaux vulnérants est une des espèces dominant souvent dans les fruticées naines supraméditerranéennes (0-1 200 m). Il se distingue du var. *lobelioides,* plus alticole, par ses fleurs le plus souvent groupées par 2-3 (et non le plus souvent isolées). Il est répandu et abondant dans l'île entière.
T : 15-80 cm
D : 10-12 mm

Orobanche rapum-genistae Thuill.
subsp. **rigens** (Loisel.) P. Fourn.
(orobanche à deux lèvres)
Orobanchaceae
mai-juin
[End. Co-Sa-Sicile] R (me sm mo)
Fruticées basses et naines (10-1 300 m). Cette plante non chlorophyllienne est parasite de diverses espèces du genre *Genista*. Elle est peu citée dans la littérature botanique, mais semble en fait assez fréquente.
T : 15-35 cm
L : 25-30 mm
D : 12-14 mm

Mercurialis corsica Cosson
(mercuriale corse)
Euphorbiaceae
mars-septembre
[End. Co-Sa] £ (tm ME SM)
Espèce des fruticées basses et naines, des rocailles, rochers et vieux murs (10-1 300 m). Plante dioïque à souche ligneuse et feuillage assez coriace, disséminée dans toute l'île.
T : 10-30 cm
Photo concernant un pied mâle. D boutons : 2-3 mm

Galium bernardii Gren. & Godron
caghjalatte di Bernard
(gaillet de Bernard)
Rubiaceae
(avril) mai-juin (juillet)
[End. Co-Sicile-Italie méridionale]
C (ME SM mo)
Gaillet aux élégantes fleurs blanches à rosées, assez fréquent dans toute l'île au sein des fruticées basses et naines, parfois aussi dans les pelouses (10-1 400 m).
T : 5-20 cm
D : 5-6 mm

PELOUSES

Thesium kyrnosum Hendrych
(thésium corse)
Santalaceae
juin-juillet
[End. Co] ♇ (sm MO or)
Espèce des pelouses et des fruticées naines, disséminée depuis le Cap Corse jusqu'au massif de Bavella (700-1 800 m).
T : 6-12 cm
D : 4-5 mm

Gagea bohemica (Zauschner) Schultes & Schultes fil.
subsp. **corsica** (Jordan & Fourr.) Gamisans
(gagée corse)
Liliaceae
avril-juin
[End. Co-Sa-Elbe] ♇ (me SM MO)
Espèce des pelouses (500-1 800 m), disséminée du Cap Corse à la Montagne de Cagna.
Les populations corses sont morphologiquement très proches de certaines populations continentales, mais s'en écartent par leur phénologie (floraison plus tardive, selon J.-M. Tison).
T : 2-8 cm
D : 18-23 m

Solenopsis minuta (L.) C. Presl
subsp. **corsica** Meikle
(laurentie de Corse)
Campanulaceae
(mai) juin-juillet (septembre)
[End. Co-Sa] ♃ (me SM mo)
Cette élégante mais petite campanulacée colonise les pelouses humides, les groupements fontinaux et rivulaires. Elle est disséminée dans toute la Corse (100-1 400 m).
T : 3-12 cm

ROCHERS

Sedum brevifolium DC.
risu
(orpin à feuilles courtes)
Crassulaceae
mars-août
[End. Co-Sa-Cévennes-Pyrénées - péninsule ibérique] CC (tm me SM MO OR SA al]
Cet orpin est très répandu dans toute l'île sur les rochers siliceux (10-2 400 m). Ses rejets stériles sont caractérisés par les feuilles disposées sur 4 rangs.
T : 2-8 cm
D : 6-8 mm

ROCHERS

* **Brassica insularis** Moris
carbusgiu, brōcculu
(chou des îles)
Brassicaceae
(avril) mai-juin
[End. Co-Sa-Pantelleria-Afrique du Nord]
R (ME)
Espèce peu fréquente en Corse et toujours localisée sur les falaises calcaires (ou de schistes calcaires) ou de serpentines (300-900 m). La couleur des fleurs varie du blanc au jaune en passant par le blanc jaunâtre. En Corse, quatre variétés ont été distinguées. La plus remarquable est le var. *ayliesii* Litard. & Simon, à fleurs jaunes, localisée près de Corti. L'espèce est présente dans le Cap Corse, le massif de Tenda, la région de Corti, de l'Inzecca, la Punta di Calcina.
T : 15-45 cm
D : 25-30 mm

* **Elytrigia corsica** (Hackel) J. Holub
(≡ *Agropyron corsicum* (Hackel) Contandr.)
(élyme corse)
Poaceae
(mai) juin-juillet
[End. Co] ♧ (me SM)
Cette espèce est peu fréquente en Corse en raison de sa localisation sur les rochers (parfois les rocailles) calcaires ou de serpentines. Elle est surtout connue du massif du San Petrone et de l'Inzecca (150-1 300 m).
T : 30-60 cm
L épillet : 10-15 mm

ROCHERS

Arenaria bertolonii
Fiori (= *A. saxifraga* (Bertol.) Fenzl)
(sabline de Bertoloni)
Caryophyllaceae
juin-juillet
[End. Co-Sa-Apennins-? Sicile] R (SM mo or)
Cette espèce est localisée sur les vires ou dans les anfractuosités de rochers qu'elle tapisse souvent de ses populations denses, essentiellement sur les sommets calcaires ou schisteux riches en calcaire (1 000-1 900 m). Elle est présente dans le Cap Corse, le massif du San Petrone et celui de Bavella (Punta di U Furnellu, Muvrariccia).
T : 2-15 cm
D : 18-25 mm

ROCHERS OMBRAGÉS

Saxifraga corsica (Duby) Gren. & Godron
(saxifrage corse)
Saxifragaceae
mai-juin
[End. Co-Sa] £ (ME SM mo)
Cette espèce colonise les creux de rochers, souvent à l'ubac (200-1 400 m). On peut l'observer également dans certaines pelouses peu ensoleillées. Elle est disséminée dans toute l'île, depuis le Cap Corse jusqu'à la Montagne de Cagna.
T : 10-20 cm
D : 20-24 mm

Arenaria balearica L.
(sabline des Baléares)
Caryophyllaceae
mai-juillet
[End. Co-Sa-Baléares-Montecristo] C (tm me SM MO)
Espèce des anfractuosités et fissures profondes, des creux ombragés et parfois humides des rochers et falaises qu'elle tapisse de vert émaillé de jolies fleurs blanches (0-1 400 m). En populations souvent denses et pures, elle est parfois associée à des espèces comme *Cymbalaria hepaticifolia* et (à basse altitude) *Selaginella denticulata*. Elle est répandue et abondante dans tout le territoire corse, jusqu'aux îles Lavezzi.
T : 2-10 cm
D : 9-11 mm

Col de Bavella, forêt montagnarde claire de pin laricio.
Photo J.-F. Marzocchi.

Massif de l'Incùdine, forêt de Petra Piana, bois montagnard de sapin et bouleau sur chaos granitique.
Photo J. Gamisans.

Massif du San Petrone, Pianu di Monte Muvraghju et Punta di E Caldane. Au premier plan, fruticée montagnarde à genévrier nain ; au deuxième plan, pelouses humides à ophioglossacées, au troisième plan, hêtraie dense.
Photo J. Gamisans.

Massif du Cintu, haute vallée du Fangu, zone rhyolitique très rocheuse avec des peuplements montagnards de pin laricio ; au fond, le Capu Tafunatu, lame rhyolitique percée d'un vaste orifice.
Photo J. Gamisans.

FORÊTS

Pinus nigra Arnold subsp. **laricio** Maire
làrice, làriciu, large
(pin laricio)
Pinaceae
mai-juin
[End. Co-Calabre-Sicile] CC (me SM MO)
Le pin laricio, qui constitue un des symboles de la Corse, est un arbre magnifique, au fût droit et longuement nu à la base, doté d'une longévité supérieure au millénaire, âge que l'homme lui laisse rarement l'occasion d'atteindre. Il est présent dans l'île aux étages supraméditerranéen et montagnard (900-1 800 m, rarement aussi aux ubacs du mésoméditerranéen, soit jusqu'à 500-600 m). Les forêts les plus importantes s'étendent depuis la vallée de la Tartàghjine, au nord, jusqu'à la forêt de l'Uspidali, au sud, mais il faut noter aussi une présence discrète du laricio sur le massif de Tenda, sur le massif du San Petrone (où le hêtre cependant domine largement) et sur la Montagne de Cagna (où il est toutefois très minoritaire relativement au sapin et au pin maritime).
T : 20-50 m

FORÊTS

Aquilegia dumeticola Jordan
(ancolie commune)
Ranunculaceae
mai-juin
[End. Co-Italie] ♣ (me SM MO)
Cette ancolie est assez répandue dans la plupart des forêts fraîches (chênaies caducifoliées, châtaigneraies, hêtraies, aulnaies, certaines pinèdes de pin laricio) entre (200) 600 et 1 500 m. Elle se répartit dans toute la Corse. Elle se distingue facilement de l'*Aquilegia bernardii*, parure des rochers, par ses fleurs plus petites, d'un violet assez sombre, à éperons bien recourbés en crochet (et non pas bleu pâle, à éperons peu ou pas recourbés).
T : 30-60 cm
D : 40-55 mm

GROUPEMENTS DE CLAIRIÈRES

Euphorbia hyberna L. subsp. **insularis** (Boiss.) Briq.
(euphorbe insulaire)
Euphorbiaceae
(mai) juin-juillet
[End. Co-Sa-Italie du nord]
£ (sm MO SA)
Cette euphorbe se comporte comme une nitrophile et constitue souvent des populations importantes et denses dans les clairières des forêts et près des bergeries (700-2 000 m). Elle est répandue et assez fréquente dans les grands massifs centraux, rare dans les autres. Elle se distingue essentiellement du subsp. *hyberna* par les glandes du cyathium à bords épais-rugueux à verruqueux (et non minces et lisses).
T : 30-60 cm
D cyathe : 5-7 mm

FRUTICÉES NAINES

Berberis aetnensis C. Presl
spinella
(épine-vinette de l'Etna)
Berberidaceae
mai-juillet
[End. Co-Sa-Italie-Sicile]
C (MO OR SA)
Espèce caractérisant les fruticées naines montagnardes et cryo-oroméditerranéennes aux sols les moins dégradés. Elle est parfois présente aussi dans des formations à genévrier nain installées au sein de l'aulnaie odorante subalpine (1 200-2 300 m).
Elle se répartit depuis le massif de Tenda jusqu'au massif de Bavella.
Ses fleurs sont jaunes et ses fruits rouges à maturité. Relativement à l'épine-vinette commune, absente de Corse, elle est de taille bien plus réduite et ne dépasse guère 50 cm de hauteur, ses feuilles sont plus petites et plus épineuses, ses inflorescences plus courtes.
T : 30-60 cm ; L fruit : 8-10 mm

Genista salzmannii DC. var. **lobelioides** (Gamisans) Gamisans & Jeanmonod
curu
(genêt faux-lobel)
Fabaceae
juin-juillet (août)
[End. Co] CC (sm MO OR)
Plante surtout fréquente dans les fruticées naines montagnardes et cryo-oroméditerranéennes (1 000-2 200 m), des grands massifs. Proche du var. *salzmannii* qui la relaie vers le bas, elle s'en distingue par un port souvent plus prostré, en coussinet, et par ses fleurs le plus souvent solitaires (et non groupées par 2-3).
T : 15-50 cm ; D : 15-18 mm

FRUTICÉES NAINES

Ruta corsica DC.
ruta corsa
(rue corse)
Rutaceae
juin-juillet (août)
[End. Co-Sa] £ (sm MO or)
Fréquente dans les fruticées naines, cette espèce s'y localise préférentiellement sur les cailloutis et graviers des bords de torrents [(200)1 000-1 900 m]. Elle est surtout fréquente dans les grands massifs centraux (du Cintu à l'Incùdine), elle apparaît aussi dans les chaînes du Cap Corse, de Bavella et de Cagna, mais semble absente du Tenda et du San Petrone. Formant des coussinets très buissonnants à fleurs blanchâtres, elle dégage aussi une forte odeur, caractéristique de la plupart des *Ruta*.
T : 10-50 cm ; D : 12-15 mm

Thymus herba-barona Loisel.
erba barònा
(thym corse)
Lamiaceae
mai-août
[End. Co-Sa-Baléares]
C (sm MO OR)
Cette espèce est particulièrement fréquente dans les fruticées naines aux sols les plus maigres. Fortement et assez agréablement odorant, tantôt à odeur de citronnelle, tantôt à parfum plus poivré, ce thym est utilisé en infusion et pour la cuisine. Il est répandu et abondant, aux étages indiqués, dans l'île entière (800-2 000 m). T : 5-20 cm ; D : 5-7 mm

FRUTICÉES NAINES

Astragalus genargenteus Moris
astràgalu, gennartu
(astragale du Genargentu)
Fabaceae
(mai) juin-juillet
[End. Co-Sa] C (sm MO OR)
Espèce caractéristique des fruticées naines où elle constitue des coussinets particulièrement épineux par les nombreux rachis vulnérants des feuilles composées pari-pennées. Elle est répandue du massif du Cintu à la Montagne de Cagna mais elle peut manquer localement [(600-)900-2 100(-2 300) m].
T : 20-40 cm
L : 18-20 mm

FRUTICÉES NAINES

Potentilla rupestris
L. var. **pygmaea** Duby
(potentille corse)
Rosaceae
juin-juillet
[End. Co-Sa] C (sm MO OR)
Surtout fréquente dans les fruticées naines montagnardes et cryo-oroméditerranéennes, cette potentille peut être observée entre 900 et 2 200 m d'altitude. Elle est assez répandue depuis le massif du San Petrone jusqu'au massif de Bavella. Relativement au var. *rupestris* (rare mais présent en Corse), elle apparaît toujours de dimensions beaucoup plus réduites.
T : 5-14 cm ; D : 20-25 mm

Saponaria ocymoides L.
subsp. **alsinoides** (Viv.) Arcangeli
(saponaire fausse sabline)
Caryophyllaceae
mai-juillet
[End. Co-Sa] C (SM MO or)
Cette plante herbacée est caractéristique des fruticées naines où elle est répandue depuis le Cap Corse jusqu'au massif de Bavella, surtout entre 1 000 et 2 000 m d'altitude. Elle est plus grêle, plus pauciflore et à fleurs plus réduites que le subsp. *ocymoides* (absent de Corse).
T : 10-25 cm
D : 18-22 mm

FRUTICÉES NAINES

Petrorhagia saxifraga (L.) Link subsp. **gasparrinii** (Guss.) Greuter & Burdet
(œillet de Gasparrini)
Caryophyllaceae
mai-juillet
[End. Co-Sa-Italie-Sicile]
CC (tm me SM MO or)
Présente sur les rochers et dans les pelouses maigres, cette plante est particulièrement fréquente dans les fruticées naines de toute la Corse (0-1 800 m). Elle se distingue du subsp. *saxifraga* (absent de Corse) par son port plus étalé et ses fleurs légèrement plus grandes à pétales entièrement purpurins à la face inférieure.
T : 10-20 cm
D : 10-12 mm

FRUTICÉES NAINES

Silene nodulosa Viv.
(silène à peu de fleurs)
Caryophyllaceae
juin-juillet
[End. Co-Sa] C (SM mo)
Espèce commune dans les fruticées naines de tous les massifs corses (500-1 600 m).
T : 15-30 cm
D : 20-22 mm

Carlina macrocephala Moris
subsp. **macrocephala**
carlina baròna, cardu
(carline à grosse tête)
Asteraceae
juillet-août
[End. Co-Sa-Italie] C (sm MO or)
Espèce des fruticées naines et des pelouses, fréquente sur tous les massifs corses (1 000-1 900 m). Elle se distingue aisément du *C. corymbosa* L. (présent parfois jusqu'à 1 300 m en Corse) par ses feuilles moins luisantes et plus laineuses et ses bractées internes de l'involucre nettement argentées et non pas dorées.
T : 15-40 cm
D capitule : 45-70 mm

FRUTICÉES NAINES

Euphorbia gayi Salis
lattone di Gay
(euphorbe de Gay)
Euphorbiaceae
juin-juillet
[End. Co-Espagne] ♣ (me SM MO)
Cette euphorbe, aux feuilles d'un beau vert sombre tranchant sur les tiges rouges, est disséminée dans les massifs du Cap, du Rinosu, de l'Incùdine, de Bavella et de l'Uspidali. Elle y colonise surtout les fruticées naines et les forêts claires, parfois les rocailles (500-1 500 m).
T : 5-20 cm
D capsule : 5-6 mm

FRUTICÉES NAINES

Poa balbisii Parl.
var. **rigidior** (Hackel)
Rouy
(pâturin de Balbis,
var. rigide)
Poaceae
juin-août
[End. Co-Sa] C (sm
MO OR sa al)
Taxon fréquent dans les fruticées naines de tous les massifs corses (800-2 300 m). Relativement au var. *balbisii*, surtout sylvatique, il apparaît moins grand mais plus robuste, avec des feuilles distiques bien perpendiculaires à la tige.
T : 20-35 cm
L épillet : 3.5-5 mm

Lepidium hirtum (L.) Sm.
subsp. **oxyotum** (DC.) Thellung
(passerage à fruit aigu)
Brassicaceae
mai-août
[End. Co-Crète] C (me sm MO OR SA)
Plante nitrophile fréquente dans les pelouses et les fruticées naines surtout des étages montagnard et cryo-oroméditerranéen (900-2 200 m). Elle est présente depuis le massif du San Petrone jusqu'au massif de Bavella. Elle se distingue du subsp. *hirtum* par son port plus prostré-étalé et ses silicules plus courtes, faiblement ailées.
T : 5-12 cm
D : 7-10 mm

PELOUSES

Thesium corsalpinum Hendrych
(thésium des montagnes corses)
Santalaceae
(juin) juillet-août
[End. Co] ♣ (MO SA or)
Espèce des pelouses, des fruticées naines, connue d'une trentaine de localités des massifs du Cintu et du Ritondu (1 200-2 100 m). Elle se distingue du *T. kyrnosum* par sa plus grande taille et les dimensions plus importantes du fruit (2.2-3.5 mm contre 1.8-2.7 mm) et du périanthe accrescent (1-2 mm contre 0.3-0.8 mm). Ces deux taxons semblent s'exclure géographiquement en Corse.
T : 8-20 cm
D : 4-5 mm

Mentha requienii Bentham
var. **requienii**
menta minuta
(menthe de Requien)
Lamiaceae
(mai) juin-juillet
[End. Co-Sa-Montecristo] ♣ (me SM MO sa)
Très petite menthe que l'on décèle souvent à sa forte odeur avant de la voir. Elle colonise les pelouses constamment humides, les bords de sources, les pozzines (900-1 800 m). Fréquente du Cap Corse à la Montagne de Cagna.
T : 1-6 cm
D : 2 mm

ROCAILLES HUMIDES

Barbarea rupicola Moris
(barbarée des rochers)
Brassicaceae
mai-juillet
[End. Co-Sa] ₤ (li me SM MO sa)
Espèce colonisant les rochers, rocailles, sables humides, au niveau des torrents et des suintements. Elle est assez commune et présente sur la plupart des massifs corses (100-2 000 m).
T : 10-30 cm
D : 10-15 mm

ROCHERS

Phyteuma serratum Viv.
(raiponce dentée)
Campanulaceae
juin-août
[End. Co] C (sm MO OR SA AL)
Espèce essentiellement rupicole (1 000-2 700 m), répandue dans la plupart des massifs corses.
T : 3-15(-25) cm
D capitule : 15-28 mm

Helichrysum frigidum (Labill.) Willd.
murzella
(immortelle des frimas)
Asteraceae
(juin) juillet-août
[End. Co-Sa] C (MO OR SA AL)
Espèce exclusivement rupicole (rochers siliceux) depuis l'étage montagnard jusqu'à l'étage alpin (1 000-2 700 m).
T : 3-10 cm
D capitule : 12-18 mm

ROCHERS

Aquilegia bernardii
Gren. & Godron
amore chjosu, amore piattu
(ancolie de Bernard)
Ranunculaceae
juin-août
[End. Co] C (sm MO OR SA al)
Espèce rupicole ayant une légère préférence pour les anfractuosités profondes ou ombragées, elle peut aussi coloniser les couloirs rocheux frais et certains éboulis d'ubac (1 000-2 650 m). Elle est présente depuis le Cap Corse jusqu'à la Montagne de Cagna, mais elle est surtout fréquente dans les grands massifs (Cintu, Ritondu, Rinosu, Incùdine, Bavella).
T : 20-40 cm
D : 60-70 mm

Potentilla crassinervia Viv.
(potentille à nervures épaisses)
Rosaceae
juin-août
[End. Co-Sa] C (sm MO OR SA AL)
Espèce essentiellement rupicole (900-2 700 m), aux belles fleurs blanches, commune sur tous les massifs corses.
T : 10-25(-35) cm
D : 18-25 mm

Armeria leucocephala Koch
erba muvrella bianca
(arméria à tête blanche)
Plumbaginaceae
juin-août
[End. Co] C (me SM MO OR SA AL)
Espèce essentiellement rupicole (200-2 700 m) commune sur tous les massifs corses. Les fleurs sont le plus souvent blanches, parfois rosées.
T : 12-35 cm
D capitule : 12-25 mm

ROCHERS

Silene requienii Otth
(silène de Requien)
Caryophyllaceae
juin-août
[End. Co] C (me sm MO OR SA al)
Espèce rupicole (900-2 300 m) commune sur la plupart des massifs corses.
T : 10-30 cm
D : 20-35 mm

Scabiosa corsica (Litard.) Gamisans
(scabieuse corse)
Dipsacaceae
juin-août
[End. Co] £ (mo SA al)
Espèce essentiellement rupicole mais colonisant aussi les rocailles et pelouses (900-2 300 m). Elle est disséminée depuis le Cap Corse jusqu'au massif de Bavella.
T : 15-45 cm
D capitule : 18-30 mm

ROCHERS

* **Leucanthemum corsicum** (Less.) DC. subsp. **corsicum**
margarita corsa
(marguerite corse)
Asteraceae
juin-août
[End. Co] ♧ (mo OR sa)
Plante rupicole, mais souvent présente aussi dans les pelouses rocailleuses [(600-)1 200-1 900 m]. Elle se répartit dans tous les grands massifs corses, mais est particulièrement abondante dans celui de Bavella.
T : 20-60 cm
D capitule : 30-45 mm

* **Leucanthemum corsicum** (Less.) DC. subsp. **fenzlii** Gamisans
(marguerite de Fenzl)
Asteraceae
juin-août
[End. Co] R (ri1 or sa)
Cette sous-espèce, surtout rupicole, est localisée dans le secteur du Monte d'Oru et de la Punta di U Furnellu (1 200-1 900 m). Elle se distingue facilement de la sous-espèce *corsicum* par ses feuilles très découpées en lanières étroites.
T : 15-50 cm
D capitule : 25-40 mm

ROCHERS

* **Amelanchier ovalis** Medicus
var. **rhamnoides** (Litard.) Briq.
chjarasgiu muvrellu
(amélanchier faux nerprun)
Rosaceae
(mai) juin-juillet
[End. Co] ♣ (sm MO OR SA al)
Cette variété, de faible valeur, est exclusivement rupicole en Corse où elle est disséminée du Cap Corse au massif de l'Uspidali (1 200-2 300 m).
T : 40-100 cm
L fruit : 6-8 mm

ROCHERS

* **Bupleurum falcatum** L.
subsp. **corsicum** (Cosson & Kralik)
Rouy & Camus
(buplèvre corse)
Apiaceae
juin-juillet
[End. Co] ꓭ (MO OR SA al)
Ce buplèvre est essentiellement rupicole (900-2 500 m) et connu seulement des massifs du Cintu et du Ritondu où il peut être localement fréquent.
T : 10-70 cm
D ombelle : 60-100 mm

ROCHERS

Bupleurum stellatum L.
(buplèvre étoilé)
Apiaceae
juin-juillet
[End. Co-Alpes] C (MO OR SA AL)
Espèce strictement rupicole (1 300-2 600 m), répandue dans la plupart des grands massifs.
T : 15-35 cm
D ombelle : 50-100 mm

ROCHERS

Laserpitium halleri Crantz
subsp. **cynapiifolium** (DC.) P. Fourn.
(laser de Corse)
Apiaceae
juin-juillet
[End. Co] £ (MO OR SA al)
Laser essentiellement rupicole (900-2 300 m) disséminé depuis le massif du San Petrone jusqu'à celui de Bavella.
T : 30-80 cm
D ombelle : 100-150 mm

Festuca sardoa (Barbey) K. Richter
(fétuque sarde)
Poaceae
juin-août
[End. Co-Sa] C (sm MO OR SA AL)
Cette élégante fétuque est essentiellement rupicole (1 000-2 700 m) et commune depuis le massif de Tenda jusqu'à la Montagne de Cagna. Elle se reconnaît assez facilement à son feuillage dense à feuilles fines presque aussi longues que les inflorescences.
T : 15-25(-35) cm
L épillet : 10-12 mm

GROUPEMENTS NITROPHILES

Nepeta agrestis
Loisel.
nēpita
(népéta agreste)
Lamiaceae
juin-août (septembre)
[End. Co] ₤ (ri2 ri3 sm MO or sa)
Cette espèce est nettement nitrophile et se répartit essentiellement autour des bergeries et dans les fruticées naines voisines. Elle ne constitue jamais de populations très denses et est disséminée dans les grands massifs (800-1 700 m).
T : 20-45 cm
L : 10-14 mm

Massif de Bavella, Punta di U Furnellu.
Au premier plan, fruticées naines cryo-oroméditerranéennes ; au deuxième plan, les taches d'un vert sombre correspondent à l'aulnaie odorante matérialisant l'étage subalpin (localisation à l'ubac), les pentes claires aux fruticées naines caractéristiques de l'étage cryo-oroméditerranéen (localisation à l'adret).
Photo J. Gamisans.

FRUTICÉES NAINES

* **Tanacetum audibertii** (Req.) DC.
tanasia corsa
(tanaisie d'Audibert)
Asteraceae
juin-août
[End. Co-Sa] LOC (sm mo or)
Cette espèce se présente souvent en individus isolés ou peu nombreux au sein des fruticées naines (900-1 900 m) et est disséminée dans quelques massifs, plus particulièrement au S du col de Verde.
T : 30-60 cm
D capitule : 6-9 mm

Odontites corsicus (Loisel.)
G. Don fil.
(odontitès corse)
Scrophulariaceae
juillet-septembre
[End. Co] ♧ (sm MO OR)
Localisé dans les fruticées naines, cet odontitès est disséminé entre 1 000 et 2 300 m sur la plupart des massifs corses du Cap Corse à la Montagne de Cagna.
T : 3-15(-20) cm
L : 4-6 mm

Lamium garganicum L.
subsp. **corsicum** (Godron) Mennema
(lamier corse)
Lamiaceae
juin-juillet
[End. Co-Sa] ♧ (mo OR al)
Plante nitrophile, présente dans les fruticées naines [1 500-2 200(-2 500) m] et disséminée dans la plupart des grands massifs. Elle se distingue du subsp. *longiflorum* (Ten.) Kerguélen (assez fréquent en Corse) par ses corolles bien plus petites.
T : 15-30 cm
L : 15-22 mm

PELOUSES

Armeria multiceps Wallr.
erba muvrella
(arméria à plusieurs souches, herbe des mouflons)
Plumbaginaceae
juin-août
[End. Co] C (mo OR SA AL)
Espèce caractéristique des pelouses ouvertes et des fruticées naines sur sols arénacés (1 400-2 600 m).
Répandue depuis le massif du Cintu jusqu'à celui de Bavella.
T : 8-15 cm
D capitule : 18-22 mm

Scleranthus burnatii Briq.
(scléranthe de Burnat)
Caryophyllaceae
juin-juillet (août)
[End. Co-Espagne] ♃ (sm mo OR SA AL)
Espèce colonisant les sols très arénacés au niveau des pelouses très ouvertes et des fruticées naines [(700-)1 400-2 320 m].
Ce scléranthe est disséminé depuis le massif de Tenda jusqu'au massif de Bavella et est particulièrement fréquent dans les massifs du Rinosu et de l'Incùdine. La large bande blanche qui borde ses sépales le rapproche de *S. perennis* L. (absent de Corse) dont il s'écarte par les fleurs bien plus réduites.
T : 1-4 cm
D : 2-2.5 mm

ÉBOULIS

Coincya monensis (L.) Greuter & Burdet subsp. **recurvata** (All.) Leadlay
(coincya fausse giroflée)
Brassicaceae
(mai) juin-août
[End. Co-Sa] C (sm MO OR SA al)
Ce coincya est surtout fréquent entre 1 000 et 2 200 m, dans les groupements d'éboulis, mais aussi de rochers, sur la plupart des massifs, du Cap Corse à la Montagne de Cagna. Les caractères distinctifs des populations corses et sardes sont, à vrai dire, très inconstants.
T : 10-40 cm
D : 12-16 mm

Arrhenatherum elatius (L.) Beauv. subsp. **sardoum** (E. Schmid) Gamisans
(fromental sarde)
Poaceae
juin-juillet
[End. Co-Sa] C (sm MO OR SA al)
Plante répandue depuis le massif de Tenda jusqu'au massif de Bavella (800-2 300 m) dans les éboulis mais aussi dans certains types de pelouses.
T : 30-65(-80) cm
L épillet : 10-12 mm

ÉBOULIS

Verbascum conocarpum Moris
subsp. **conradiae** Jeanmonod
barbarèscu
(molène de Marcelle Conrad)
Scrophulariaceae
juin-juillet
[End. Co] £ (MO or)
Ce molène, localisé dans les éboulis mais aussi les pelouses et les fruticées naines, est disséminé dans les grands massifs (1 100-2 050 m), du Cintu au Rinosu.
T : 40-100 cm
D : 15-23 mm

Saxifraga pedemontana All.
subsp. **cervicornis** (Viv.) Engler
(saxifrage corne de cerf)
Saxifragaceae
mai-août
[End. Co-Sa] C (SM MO OR SA AL)
Particulièrement fréquent dans les éboulis, ce saxifrage colonise aussi les rochers dans tous les massifs corses (1 000-2 700 m).
T : 7-18 cm
D : 18-25 mm

ROCHERS

Sesleria insularis
Sommier subsp. **insularis**
(seslérie insulaire)
Poaceae
[End. Co-Sa-Baléares] ♣ (tm ME SM mo OR sa)
Cette graminée est disséminée en Corse, sur les rochers calcaires (Saint-Florent, Capuralinu) mais aussi granitiques (Portu, Bavella) de 100 à 1 900 m.
T : 20-30 cm
L panicule : 20-35 mm

Massif du Cintu, versant N du "Capu à A Borba", aulnaie odorante matérialisant l'étage subalpin. Photo J. Gamisans.

Massif du Ritondu, lac du Capitellu et pelouses subalpines. Photo J. Gamisans.

Massif du Ritondu, lac d'Oriente (lac d'Argentu), pozzines en bordure du lac. Photo J. Gamisans.

AULNAIE

Alnus alnobetula (Ehrh.) C. Koch subsp. **suaveolens** (Req.) Lambinon & Kerguélen
bassu
(aulne odorant)
Betulaceae
avril-juillet
[End. Co] CC (ri2 ri3 SA)

Cet arbuste sans tronc constitue des formations denses très étendues sur les ubacs entre 1 600 et 2 100 m, où il matérialise l'étage subalpin. Il descend également en ripisylve le long des torrents parfois au-dessous de 1 000 m. Sur les adrets, il est strictement ripicole. En peuplements denses, il protège bien les sols de l'érosion et les enrichit en azote grâce à ses nodosités racinaires où une bactérie symbiotique lui permet de fixer l'azote atmosphérique. Au niveau de l'étage subalpin il n'a pas de véritable concurrent arbustif ou arborescent capable de l'éliminer ; seul le sapin peut jouer localement ce rôle dans certains massifs (Bavella, par exemple), mais uniquement à l'horizon inférieur de l'étage et jamais au-delà de 1 900 m. L'aulne odorant est présent depuis le massif du Cintu jusqu'à celui de Bavella. Il se distingue du subsp. *alnobetula* par ses feuilles très arrondies, moins aiguës et très odorantes (odeur qui se communique facilement aux vêtements des randonneurs) grâce à de nombreuses cellules sécrétrices.
T : 0.5-3 m
D inflorescence femelle : 10 mm

AULNAIE

Sorbus aucuparia L. subsp. **praemorsa** (Guss.) Nyman
sorbu, surbastru
(sorbier cyrno-sicilien)
Rosaceae
juin-juillet
[End Co-Calabre-Sicile] C (MO SA)
Fréquent dans l'aulnaie odorante dont il émerge largement, cet arbre est également présent dans certaines forêts montagnardes, du Cap Corse à Bavella (1 100-2 100 m). Il se distingue du subsp. *aucuparia* par les feuilles à pétiole plus court (ne dépassant guère 2 cm), à folioles elliptiques plus courtes, à dents marginales plus fortes, tendant au dédoublement, par les fruits mûrs ovoïdes plus volumineux.
T : 1-8(-10) m
L fruit mûr : 10-12 mm

AULNAIE

Cymbalaria hepaticifolia (Poiret) Wettst.
(linaire à feuilles d'hépatique)
Scrophulariaceae
juin-août
[End. Co] C (sm mo SA or)
Espèce particulièrement fréquente dans l'aulnaie odorante mais pouvant être aussi observée dans des éboulis ou des rocailles humides, parfois en forêt. Elle est présente dans les grands massifs ainsi que dans ceux du Cap Corse et du San Petrone [(280-)1 000-2 000(-2 400) m].
T : 5-20 cm
D : 16-18 mm

GROUPEMENTS DE HAUTES HERBES (Mégaphorbiées)

Valeriana rotundifolia Vill.
(valériane à feuilles rondes)
Valerianaceae
juin-août
[End. Co-Alpes occid.]
£ (mo SA AL)
Cette valériane est surtout fréquente dans les groupements de hautes herbes où elle accompagne souvent *Cacalia briquetii*, mais peut être notée aussi dans l'aulnaie odorante et les éboulis, ceci essentiellement dans les grands massifs (1 500-2 300 m).
T : 15-30(-40) cm
D : 4-5 mm

GROUPEMENTS DE HAUTES HERBES (Mégaphorbiées)

Cacalia briquetii (Gamisans) Gamisans
(adénostyle de Briquet)
Asteraceae
juin-août
[End. Co] C (mo SA AL)
Particulièrement fréquente dans les groupements de hautes herbes, cette espèce est présente également dans l'aulnaie odorante et les éboulis ainsi parfois que dans les forêts fraîches montagnardes, ceci dans tous les grands massifs [(1 200-)1 400-2 600 m]. D'aspect voisin de celui de *Cacalia alpina*, elle s'écarte notablement de cette dernière par des caractères floraux qui la rapprochent de *C. alliariae* (dont elle a d'ailleurs l'écologie).
T : 30-80 cm
L capitule : 11-14 mm

GROUPEMENTS DE HAUTES HERBES (Mégaphorbiées)

Ranunculus sylviae Gamisans
(renoncule de Sylvie)
Ranunculaceae
juin-juillet
[End. Co] RR (mo)
Espèce des pelouses et des mégaphorbiées bordant les pozzines du Pianu di Cuscionu (1 400-1 500 m).
Cette plante, très rare, appartient au groupe de *Ranunculus polyanthemos* ; elle est caractérisée, entre autres, par le segment foliaire médian souvent longuement pétiolulé.
T : 25-45 cm
D : 15-20 mm

* **Aconitum napellus** L.
subsp. **corsicum** (Gayer) W. Seitz
acunitu corsu
(aconit corse)
Ranunculaceae
(juillet) août
[End. Co] LOC (ri2, ri3, MO sa)
Ce bel aconit constitue des mégaphorbiées localisées en bordure des pozzines sur le Pianu di Cuscionu et les environs (1 000-1 700 m). C'est une plante très toxique qu'il faut éviter de cueillir. Elle se distingue du subsp. *napellus* par la grandeur des fleurs et l'aspect cendré-tomenteux des boutons floraux.
T : 40-120 cm
L : 30-33 mm

PELOUSES

Ligusticum corsicum Gay
var. **corsicum**
(ligustique de Corse)
Apiaceae
juin-août
[End. Co] CC (mo OR SA AL)
Espèce fréquente dans les pelouses alticoles (1 200-2 700 m) de tous les grands massifs (du Cintu à Bavella).
T : 15-40(-50) cm
D ombelle : 40-50 mm

Plantago sarda C. Presl
var. **sarda**
(plantain sarde)
Plantaginaceae
juin-août
[End. Co-Sa] CC (mo OR SA AL)
Ce plantain est très commun dans toutes les pelouses alticoles des grands massifs (1 400-2 700 m). Dans les pelouses les plus longtemps enneigées il est remplacé, en Corse, par le var. *alpinoides* Gamisans, un peu plus rare, à feuilles souvent plus larges.
T : 3-10(-12) cm
D : 3-3.5 mm

PELOUSES

Sagina pilifera (DC.) Fenzl
bàssula
(sagine poilue)
Caryophyllaceae
(mai) juin-août
[End. Co-Sa] CC (mo OR SA AL)
Cette sagine constitue un magnifique gazon vert ras et dense, émaillé de nombreuses fleurs blanches. Elle est très commune dans les pelouses alticoles de tous les massifs (1 000-2 700 m).
T : 2-8 cm
D : 9-11 mm

PELOUSES

Euphrasia nana
(Rouy) Prain
(euphraise naine)
Scrophulariaceae
juillet-août
[End. Co-Sa] C (mo or SA AL)
Cette espèce est présente dans de nombreuses pelouses ou fruticées naines alticoles (1 400-2 600 m), plus rarement dans les rochers, sur tous les grands massifs et celui du San Petrone.
T : 2-15 cm
D : 6-8 mm

PELOUSES

Colchicum alpinum DC. subsp. **parvulum** (Ten.) Nyman
(colchique tout-petit)
Liliaceae
août-septembre
[End. Co-Sa-Sicile-Apennins] R (MO SA)
Espèce des pelouses (y compris les nardaies des pozzines) et des fruticées naines (1 200-2 000 m), disséminée (mais peu observée en raison de sa floraison tardive) dans les grands massifs. Le subsp. *parvulum* est caractérisé par ses dimensions plus réduites. L'espèce a des styles restant presque droits, à stigmate capité non décurrent, ce qui permet de la distinguer (outre ses dimensions réduites) des *C. corsicum* et *C. neapolitanum*.
T : 3-10 cm
D : 20-30 mm

POZZINES

Pinguicula corsica Bernard & Gren. (grassette corse) *Lentibulariaceae* juin-août [End. Co] ₤ (RI3 mo SA al)

Cette grassette (c'est la seule espèce de ce genre en Corse) est présente au niveau des pelouses humides des pozzines (en particulier avec *Scirpus caespitosus*) mais aussi sur les rocailles et rochers suintants avec *Narthecium reverchonii* et *Doronicum corsicum* (1 000-2 400 m). Il s'agit d'une plante carnivore qui emprisonne ses proies (moucherons et autres petits insectes) sur la face supérieure des feuilles (collés à des glandes gluantes), puis les digère grâce à d'autres glandes plus courtes, sécrétrices de protéases. La couleur de la corolle est très variable (blanchâtre, jaunâtre, rose pâle, rose vif, bleu pâle, violacée).

T : 2-10(-20) cm

D : 20-30 mm

Bellis bernardii Boiss. & Reuter
pratéllina di Bernard
(pâquerette de Bernard)
Asteraceae
(juin) juillet-août [End. Co] ♣ (mo SA AL)
Cette minuscule pâquerette se développe exclusivement dans les pelouses tourbeuses des pozzines (1 200-2 400 m). Elle est présente depuis le massif du Cintu jusqu'au col de Verde, à la limite sud du massif du Rinosu. Dans ces secteurs, elle est souvent accompagnée du *Bellium nivale* qui lui ressemble beaucoup au premier abord, mais qui s'en distingue par la forme de ses feuilles (pétiole mieux marqué) et la présence de soies surmontant le fruit (akène), soies absentes sur le fruit des *Bellis*.
T : 1-8 cm
D capitule : 5-12 mm

Bellium nivale Req.
(pâquerette des neiges)
Asteraceae
(juin) juillet-août
[End. Co] ♣ (mo SA al)
Comme l'espèce précédente, cette minuscule pâquerette se développe dans les pelouses humides des pozzines (1 200-2 200 m). Elle est présente depuis le massif du Ritondu jusqu'au massif de Bavella. Dans certains de ces massifs elle jouxte souvent le *Bellis bernardii* (voir ci-dessus, dans le paragraphe consacré à ce dernier taxon, les différences entre les deux espèces). Le *Bellium nivale* se distingue aussi aisément du *Bellium bellidioides* (qui occupe des pelouses plus sèches, entre 0 et 2 200 m) par l'absence de stolons, la taille souvent plus réduite de ses capitules et l'absence de bande pourpre sur la face inférieure des ligules.
T : 2-10(-20) cm
D capitule : 4-8 mm

POZZINES

Juncus requienii Parl.
(jonc de Requien)
Juncaceae
juin-août
[End. Co] C (MO SA al)
Ce jonc, parfois de dimensions très réduites, colonise les pelouses très humides ou inondées des pozzines et des bords de torrents entre 1 200 et 2 300 m. Il est très répandu dans tous les grands massifs. Assez voisin de *Juncus alpinus* Vill. (absent de Corse), il s'en distingue par ses tépales légèrement plus aigus, caractère qui le rapproche de *J. articulatus* L. (présent en Corse mais moins alticole).
T : 2-12(-18) cm
L : 2-3 mm

POZZINES

Potentilla anglica Laicharding subsp. **nesogenes** (Briq.) Gamisans
(potentille des pozzines)
Rosaceae
juin-juillet
[End. Co] ♧ (ri1 ri2 ri3 sm MO SA)
Cette potentille est particulièrement fréquente dans les pozzines, mais aussi, plus rarement, dans diverses pelouses humides le long des cours d'eau jusqu'à très basse altitude (100-1 900 m). Elle se distingue du *P. erecta* (L.) Raüschel, très fréquent dans les pozzines, par ses dimensions plus importantes (feuilles), ses feuilles caulinaires pétiolées 3- ou 5-foliolées, ses fleurs tétra- ou pentamères nettement plus grandes.
T : 2-20 cm
D : 10-20 mm

Ranunculus cordiger Viv. subsp. **cordiger**
(renoncule porte-cœur)
Ranunculaceae
juin-juillet
[End. Co-Sa] ♧ (MO SA)
Cette renoncule colonise les pelouses humides des pozzines et des bords de torrents entre 800 et 1 900 m. Elle est localisée au sud du Monte Rinosu et est particulièrement abondante sur le Pianu di Cuscionu. Elle a été signalée jusqu'à la Montagne de Cagna.
T : 4-15(-18) cm
D : 12-15 mm

POZZINES

Veronica repens DC. var. **repens**
(véronique rampante)
Scrophulariaceae
juin-août
[End. Co] ♣ (MO SA al)
Assez fréquente dans les groupements de pozzines, cette véronique est également présente sur les bords de torrents et de sources et dans diverses pelouses fraîches d'ubac (1 200-2 600 m). Elle est assez répandue depuis les massifs de Tenda et du San Petrone jusqu'au massif de Cagna. L'espèce est également présente, sous forme du var. *nevadensis* Litard. & Maire, en Sierra Nevada espagnole et dans le Grand Atlas marocain et peut être considérée comme une orophyte ouest-méditerranéenne.
T : 3-8(-12) cm
D : 8-10(-12) mm

ROCHERS

* **Pulsatilla alpina** (L.) Delarbre subsp. **cyrnea** Gamisans
(anémone corse)
Ranunculaceae
juin-juillet
[End. Co] ⅍ (mo OR SA AL)

Cette anémone aux grandes fleurs blanches est surtout fréquente sur les rochers ombragés mais peut être aussi observée dans les éboulis et certaines pelouses (1 600-2 600 m). Elle n'est connue que des massifs du Cintu, du Ritondu et de Bavella.

T : 20-45 cm
D : 60-80 mm

Massif du Cintu, Capu Largia, sommet avec milieux de l'étage alpin, vu de la station du haut Ascu. Photo J. Gamisans.

Massif du Cintu, Punta Minuta et Capu Largia, sommets représentatifs de l'étage alpin, vus depuis le Capu Stranciacone.
Photo J. Gamisans.

Monte Ritondu, versant N, au-dessus du lac d'Oriente (lac d'Argentu), fort enneigement, le 10 juillet, de tout l'étage alpin.
Photo M. Reille.

Massif du Ritondu, Punta à E Porte, vue du sommet du Monte Ritondu.
Photo J. Gamisans.

PELOUSES ROCAILLEUSES

Acinos corsicus
(Pers.) Getliffe
(calament corse)
Lamiaceae
(juin) juillet-août
[End. Co] LOC (or AL)
Espèce des crêtes et des adrets de l'étage alpin (rarement de l'étage cryo-oroméditerranéen) où on l'observe essentiellement dans les pelouses rocailleuses (1 900-2 580 m). Elle est localisée dans les massifs du Cintu et du Rinosu et n'a jamais été observée dans celui du Ritondu.
T : 1-5 cm
D : 8-10 mm

PELOUSES ROCAILLEUSES

* **Leucanthemopsis alpina** (L.) Heywood subsp. **tomentosa** (Loisel.) Heywood
margarita minuta
(marguerite laineuse, m. tomenteuse)
Asteraceae
juillet-août
[End. Co] LOC (or sa AL)
Plante colonisant les pelouses rocailleuses de l'étage alpin, sur les crêtes et les adrets, très rarement observée aux étages subalpin et cryo-oroméditerranéen (2 000-2 625 m). Elle n'est connue que des massifs du Ritondu, du Rinosu et de l'Incùdine.
T : 4-10 cm
D capitule : 20-25 mm

PELOUSES ROCAILLEUSES

* **Myosotis corsicana** (Fiori) Grau subsp. **corsicana**
erba cilésta
(myosotis corse)
Boraginaceae
(juin) juillet-août
[End. Co.] £ (sa AL)
Ce myosotis colonise préférentiellement les pelouses rocailleuses des adrets et des crêtes, mais peut être aussi présent dans les groupements d'éboulis avec *Viola argenteria* par exemple (1 950-2 600 m). Il n'est connu que des massifs du Ritondu, du Rinosu et de l'Incùdine.
T : 5-18(-25) cm
D : 8-10 mm

* **Draba loiseleurii** Boiss.
(drave de Loiseleur)
Brassicaceae
juin-juillet
[End. Co] LOC (AL)
Espèce exclusivement présente dans les pelouses rocailleuses des adrets et des crêtes (2 300-2 706 m) de l'étage alpin. Les fleurs jaunes sont assez précoces et en juillet-août, la plante apparaît le plus souvent fructifiée. Elle n'est connue que des massifs du Cintu et du Ritondu.
T : 3-9 cm
L silicule : 5-6 mm

PELOUSES HUMIDES

Ranunculus marschlinsii Steudel
(renoncule de Marschlins)
Ranunculaceae
juin-août
[End. Co] & (mo sa AL)
Cette renoncule se cantonne sur les bords de sources et de ruisselets à eau courante et fraîche, sur des substrats rocailleux à limono-sableux, où elle est accompagnée du saxifrage étoilé (*Saxifraga stellaris*) et de nombreuses mousses (1 500-2 600 m). Elle est assez commune depuis le massif du Cintu jusqu'à celui de l'Incùdine.
T : 5-12(-18) cm
D : 10-13 mm

É BOULIS

Viola argenteria
Moraldo & Forneris
(= *V. nummulariifolia*
All. non Vill.)
viola di Monte Ritondu
(violette à feuilles de nummulaire)
Violaceae
juillet-août
[End. Co-Alpes maritimes]
£ (sa AL)
Espèce des éboulis d'ubac de l'étage alpin, cette violette a parfois été observée à l'étage subalpin (2 100-2 625 m). Elle n'est présente que dans les massifs du Ritondu, du Rinosu et de l'Incùdine.
T : 2-6 cm
D : 12-14 mm

Trè Paduli di Suartonu, mare supérieure.
On peut y observer au printemps
Apium crassipes, Pilularia minuta, Isoetes velata, Ranunculus revelierei.
Photo J. Gamisans.

LES MARES

Apium crassipes (Reichenb.) Reichenb. fil.
(ache à souche épaisse)
Apiaceae
avril-juin
[End. Co-Sa-Sicile-Italie méridionale] ♣ (RI1 TM me)
Cette espèce se développe dans les mares peu profondes, bien inondées au printemps mais s'asséchant en été. On l'observe fréquemment avec *Oenanthe globulosa*, *Baldellia ranunculoides* et *Ranunculus ophioglossifolius*, parfois avec *Littorella uniflora, Isoetes velata, Pilularia minuta*. Elle est présente dans le Cap Corse et la plaine orientale, mais est surtout fréquente dans le sud de l'île où les mares favorables sont bien plus nombreuses. Cette espèce ne s'élève que très peu en altitude (0-300 m).
T : 10-25(-40) cm
D : 3-4 mm

* **Ranunculus revelierei** Boreau
(renoncule de Revelière)
Ranunculaceae
avril-mai (juin)
[End. Co-Maures] LOC (RI1 tm me sm)
Espèce des petites mares temporaires à isoètes (*Isoetes hystrix*), assez rare et surtout localisée dans le sud-est de la Corse, entre Portivechju et Bunifaziu, mais aussi dans les Agriate (0-1 030 m). Assez proche de *R. ophioglossifolius*, elle s'en distingue aisément par ses fleurs très petites, à pétales plus courts que les sépales, et ses feuilles plus étroites et lancéolées, les basales non cordiformes.
T : 3-15 cm
D : 5-6 mm

LES BORDS DE RIVIÈRES ET TORRENTS DE 0 À 800 M

Plagius flosculosus (L.) Alavi & Heywood
(plagie flosculeuse)
Asteraceae
mai-juin
[End. Co-Sa] ♣ (li RI1 tm ME)
Plante des bords de rivières, de fossés, des pelouses humides à basse altitude (0-600 m). Cette espèce est disséminée dans le nord de la Corse, plus fréquente dans le sud.
T : 30-90 cm
D capitule : 15-20 mm

Mentha suaveolens Ehrh.
subsp. **insularis** (Req.) Greuter
mintrastella
(menthe insulaire)
Lamiaceae
juin-septembre
[End. Co-Sa-Capraia-Minorque-Sicile] CC (RI1 RI2 ME SM)
Cette menthe est très fréquente dans les ripisylves mais aussi dans les pelouses humides et les lieux marécageux (0-1 050 m). Elle est répandue dans toute la Corse. Elle se distingue du subsp. *suaveolens*, également fréquent, par ses feuilles brièvement pétiolées (et non sessiles), ses bractées plus étroites et des dents calicinales souvent plus longues.
T : 20-80 cm
L : 4-5 mm

LES BORDS DE RIVIÈRES ET TORRENTS DE 0 À 800 M

Eupatorium cannabinum L. subsp. **corsicum** (Loisel.) P. Fourn.
canapina
(eupatoire-chanvrine corse)
Asteraceae
(juin) juillet-septembre
[End. Co-Sa-Italie méridionale-Cévennes]
CC (RI1 RI2 ri3)
Espèce très fréquente dans les ripisylves et les lieux marécageux de basse altitude (0-1 100 m), elle est répandue dans l'île entière. Le var. *corsicum* est caractérisé par des feuilles entières ; les formes à feuilles divisées (souvent en mélange avec les formes à feuilles indivises) sont distinguées sous le nom de var. *soleirolii* (Loisel.) Rouy et sont très proches du subsp. *cannabinum*.
T : 30-90 cm
L capitule : 9-10 mm

LES BORDS DE RIVIÈRES ET TORRENTS DE 0 À 800 M

Borago pygmaea (DC.)
Chater & Greuter
burrascia corsa, burràcine
(bourrache naine)
Boraginaceae
mars-novembre
[End. Co-Sa-Capraia] C (RI1 RI2 ri3)
Cette bourrache est commune dans les ripisylves, les bords de sources, les pelouses humides [0-1 000(-1 500) m] ; elle est répandue dans l'île entière. Ses tétrakènes, disséminés dès leur maturité, contiennent une forte proportion d'acide gamma-linolénique et la culture de cette espèce pourrait constituer une source commercialement intéressante de cette substance.
T : 8-40 cm
L : 12-15 mm

Carex microcarpa Moris
sisicciu
(laîche à petits fruits)
Cyperaceae
mai-juillet
[End. Co-Sa-Italie] CC (RI1 RI2 RI3)
Espèce très commune dans les ripisylves, les bords de torrents et de sources de 0 à 1 200 (-1 400) m. Elle est répandue dans toute l'île. De taille et d'aspect proches de ceux de *C. pendula*, elle s'en distingue immédiatement par ses épis toujours dressés.
T : 50-100 cm
L épi femelle : 3-8(-10) cm

LES BORDS DE RIVIÈRES ET TORRENTS DE 0 À 800 M

Aristolochia rotunda L. subsp. **insularis** (Nardi & Arrigoni) Gamisans
(aristoloche insulaire)
Aristolochiaceae
avril-juin
[End. Co-Sa] C (ri1 TM ME sm)
Plante des pelouses humides à vivaces, des ripisylves, des forêts (0-900 m). Elle est répandue dans toute la Corse. Elle se distingue du subsp. *rotunda* (présent aussi en Corse, mais rare) par sa caulorhize (axe souterrain tubérisé) cylindrique (et non sphérique).
T : 10-40 cm
L : 30-45 mm

LES BORDS DE RIVIÈRES ET TORRENTS DE 0 À 800 M

Pastinaca latifolia (Duby) DC.
pastinaccia
(panais à larges feuilles)
Apiaceae
juin-août
[End. Co] C (RI1 RI2 ME SM)
Espèce des ripisylves mais aussi des friches à sols humides jusqu'à 800 m d'altitude environ, assez répandue dans le nord et le centre de l'île, plus rare dans la partie méridionale.
T : 50-180 cm
D ombelle : 5-8 cm

Pastinaca sativa L. subsp. **divaricata** (Desf.) Rouy & Camus
pastinaccia
(panais divariqué)
Apiaceae
juin-juillet
[End. Co-Sa] £ (RI1 RI2 ME SM mo)
Espèce des ripisylves et des friches à sols humides (0-1 200 m), assez répandue au nord d'une ligne Aiacciu-Sulinzara mais nettement plus rare au sud.
T : 30-80(-100) cm
D ombelle : 5-8 cm

LES BORDS DE TORRENTS ENTRE 800 ET 1300 M

Scrophularia oblongifolia Loisel. subsp. **oblongifolia** (scrofulaire à feuilles oblongues)
Scrophulariaceae
juillet-août
[End. Co-Sa] C (RI1 RI2 RI3 mo sa)
Scrofulaire assez fréquente dans les ripisylves, les bords de torrents et de sources, de 500 à 1 700 m. Elle est présente depuis le massif de Tenda au nord, jusqu'au massif de Cagna, au sud. Affine du subsp. *umbrosa* (Dumort.) Gamisans, d'Europe moyenne et Asie occidentale, elle s'en distingue par une taille et une inflorescence plus réduites, des lobes du calice plus courts à marge plus étroite et un staminode plus étroit.
T : 30-60(-100) cm
L : 5-7(-8) mm

LES BORDS DE TORRENTS ENTRE 1300 ET 1900 M

Calamagrostis varia (Schrader) Host
subsp. **corsica** (Hackel) Rouy
(calamagrostide corse)
Poaceae
juillet-août
[End. Co-Italie] £ (ri2 RI3 sa)
Cette graminée est assez fréquente au bord des torrents sur les substrats rocheux, rocailleux ou graveleux, entre 700 et 1 700 m. Elle est présente depuis le massif du Cintu au nord, jusqu'à celui du Rinosu et à Bocca di Verde, au sud. Dans les régions plus méridionales, elle est remplacée au bord des torrents, par le *Phalaris arundinacea* subsp. *rotgesii*. Elle se distingue du subsp. *varia* par ses épillets plus grands (5-6 mm) et les poils du cal n'atteignant que la moitié de la longueur de la glumelle inférieure.
T : 40-80(-100) cm
L panicule : 8-12(-15) cm

Phalaris arundinacea L.
subsp. **rotgesii** (Husnot) Kerguélen
(phalaris roseau de Rotgès)
Poaceae
juillet-août (septembre)
[End. Co] £ (ri1 RI2 RI3 MO sa)
Répartie entre 800 et 1 700 m, cette graminée peut être localement abondante sur les bords rocheux, rocailleux, graveleux ou même terreux des torrents. Elle n'apparaît cependant qu'à partir du massif du Rinosu et ne devient fréquente qu'au sud de Bocca di Verde où elle prend la place du calamagrostide corse. Elle se distingue du subsp. *arundinacea* par la panicule beaucoup plus réduite (6-8 x 1-1.5 cm) et son nombre chromosomique diploïde.
T : 50-100(-120) cm ; L panicule : 6-8 cm

LES BORDS DE RIVIÈRES ET TORRENTS ENTRE 1300 ET 1900 M

Doronicum corsicum
(Loisel.) Poiret
(doronic corse)
Asteraceae
juillet-août
[End. Co] C (ri2 RI3 SA)
Ce magnifique doronic constitue une des belles parures des bords rocheux ou rocailleux des torrents corses, entre 800 et 1 900 m, où il peut former parfois d'abondantes populations,
en particulier au niveau des cascades. Il est présent depuis les massifs du Cintu et du San Petrone au nord, jusqu'à la Montagne de Cagna, au sud.
T : 10-100(120) cm
D capitule : 2-4(-5) cm

LES BORDS DE RIVIÈRES ET TORRENTS ENTRE 1300 ET 1900 M

Doronicum corsicum

LES BORDS DE TORRENTS ENTRE 1300 ET 1900 M

Narthecium reverchonii Celak
(narthécium de Reverchon)
Liliaceae
(juin) juillet-août
[End. Co] C (ri1 ri2 RI3 MO SA)
Ce très beau narthécium aux feuilles en sabre, accompagne souvent le doronic corse, en particulier au niveau des cascades et sur les bords rocheux des torrents, et se développe essentiellement entre 800 et 2 200 m. Il est également fréquent au niveau des pozzines chaque fois que le substrat apparaît quelque peu graveleux : il est alors associé à la grassette corse et au scirpe cespiteux. Il est répandu depuis le massif du Cintu jusqu'à celui de Bavella.
T : 10-20(-30) cm
D : 18-20 mm

Hypericum corsicum Godron
(millepertuis corse)
Hypericaceae
(juin) juillet-août
[End. Co] ♧ (RI3 MO SA)
Ce millepertuis affectionne les bords de torrents et de ruisselets à bords terreux ou parfois rocheux (1 000-1 900 m). Il y est souvent accompagné du myosotis de Soleirol. Il est assez fréquent du Cintu à l'Incùdine. Il se distingue de l'*Hypericum quadrangulum* L., très affine, par ses tiges basses, grêles et décombantes et son inflorescence pauciflore.
T : 10-20(-30) cm
D : 12-16 mm

LES BORDS DE TORRENTS ENTRE 1300 ET 1900 M

* **Myosotis soleirolii** Godron (myosotis de Soleirol)
Boraginaceae
mai-juillet
[End. Co-Sa] ♣ (ri2 RI3 sm MO sa)
Espèce des bords terreux ou graveleux de ruisselets et torrents, entre 800 et 1 700 m, où il est souvent associé à *Hypericum corsicum*. Il est localisé aux massifs du Ritondu, du Rinosu et de l'Incùdine. Il se distingue du *M. sylvatica* Ehrh. (affine mais absent de Corse) par les tiges plus grêles, un peu couchées à la base, les feuilles d'un vert plus clair et plus molles, les pédicelles plus courts, les fleurs plus petites et le plus souvent blanches (parfois aussi à périphérie bleue).
T : 8-20(-30) cm
D : 4-5 mm

LES PLANTES MULTIMILIEUX : LES ESPÈCES ENDÉMIQUES UBIQUISTES ET CELLES À LARGE RÉPARTITION ALTITUDINALE

Crocus corsicus Maw
zafranu corsu
(crocus corse)
Iridaceae
(janvier) février-août suivant l'altitude
[End. Co-Sa] C (li tm me SM MO OR SA AL)

Cette espèce est présente dans presque tous les types de milieux (éboulis, pelouses, fruticées naines, fruticées ouvertes, basses ou hautes, forêts claires, pozzines…) depuis la ligne littorale et l'étage thermoméditerranéen jusqu'à l'étage alpin (1-2 700 m). Elle fleurit en hiver à basse altitude, et seulement en août, après la fonte des neiges, sur les plus hauts sommets. Après la floraison sa présence n'est plus guère décelable. Il est probable qu'elle est constituée d'un ensemble d'écotypes distincts, mais les observations morphologiques n'ont pas permis pour l'instant de les séparer. À basse altitude (tm me SM), le crocus corse est souvent confronté à la présence de *Crocus minimus*. Il est remarquable que ces deux espèces s'excluent parfois géographiquement, et, lorsqu'elles sont en présence, elles se répartissent dans des biotopes distincts (par exemple, aux bergeries de Cagna, à 1 000 m d'altitude, *C. minimus* est largement dominant dans les pelouses humides du type pozzine, tandis que *C. corsicus* colonise les forêts claires de pin maritime et les maquis ouverts à bruyères où *C. minimus* est très rarement observé). Ces deux espèces se distinguent très facilement sur le frais par la couleur des stigmates : rouge vermillon chez *C. corsicus*, jaune doré chez *C. minimus*. Quelques rares individus à couleur stigmatique intermédiaire sont difficiles à situer et témoignent probablement de la parenté entre ces deux plantes.

T : 5-20 cm
D : 40-60 mm

Brimeura fastigiata (Viv.) Chouard
(jacinthe de Pouzolz)
Liliaceae
février-août suivant l'altitude
[End. Co-Sa-Baléares-Grèce] CC (li tm ME SM MO OR SA al)
Espèce présente dans la plupart des groupements, en particulier un peu ouverts, entre 0 et 2 200 m. Elle est répandue et abondante dans l'île entière. Elle se distingue toujours des formes naines de *Scilla autumnalis* (qui fleurissent parfois en hiver ou au début du printemps) par les tépales soudés en tube à la base et le fait que les feuilles soient toujours présentes et bien développées à la floraison.
T : 2-10(-15) cm ; D : 6-10 mm

Bellium bellidioides L.
(bellium fausse pâquerette)
Asteraceae
(avril) mai-août suivant l'altitude
[End. Co-Sa-Baléares] CC (li tm me SM MO OR sa)
Cette espèce est présente dans les groupements semi-halophiles, le bord des mares temporaires et les pelouses humides de basse altitude, les pelouses sèches et les fruticées naines plus alticoles, soit entre 0 et 2 000 m environ. Elle est répandue et abondante dans toute l'île. Elle se distingue très facilement de *Bellium nivale* Req. par la présence de stolons, ses capitules plus grands et les ligules pourvues d'une large bande pourpre à la face inférieure.
T : 2-10(-15) cm
D capitule : 8-15 mm

Hypochaeris robertia Fiori
(porcelle de Robert)
Asteraceae
mai-août
[End. Co-Sa-Sicile-Italie-Afrique du Nord]
CC (me SM MO OR SA AL)
Espèce présente dans la plupart des pelouses, des fruticées naines, des forêts ouvertes, des groupements d'éboulis, entre 300 et 2 700 m.
Elle est répandue dans l'île entière.
T : 5-15 cm
D capitule : 18-22 mm

Stachys corsica Pers.
(épiaire corse)
Lamiaceae
avril-septembre suivant l'altitude
[End. Co-Sa] CC (me SM MO OR SA AL)
Cette espèce est présente dans la plupart des milieux ouverts (pelouses, rocailles, éboulis, rochers, forêts et fruticées claires…) entre (100-)400 et 2 500 m. Elle est répandue dans la plus grande partie de l'île.
T : 3-15 cm
L : 18-20 mm

Cerastium soleirolii Duby
(céraiste de Soleirol)
Caryophyllaceae
mai-août
[End. Co] CC (sm MO OR SA AL)
Espèce fréquente dans de nombreux milieux ouverts (pelouses, éboulis, rochers et fruticées claires...) entre 900 et 2 700 m. Elle est répandue dans la plupart des massifs corses mais semble absente du Cap.
T : 5-20(-25) cm
D : 18-20 mm

Galium corsicum Sprengel
caghjalatte corsu
(gaillet corse)
Rubiaceae
mai-août
[End. Co-Sa] C (me sm MO OR sa al)
Espèce fréquente dans de nombreux milieux ouverts (rochers, éboulis, pelouses, fruticées naines...) entre 300 et 2 500 m. À basse altitude elle apparaît essentiellement rupicole et a des fleurs d'un blanc jaunâtre. Plus haut, elle possède des fleurs d'un brun rougeâtre et se développe dans des milieux plus variés. Elle est présente depuis le Cap Corse jusqu'à la Montagne de Cagna.
T : 5-20(-30) cm
D : 5 mm

Digitalis purpurea L. var. **gyspergerae** (Rouy) Fiori
erba ditale
(digitale pourpre, variété de Mme Gysperger)
Scrophulariaceae
mai-août
[End. Co-Sa] CC (me SM MO OR SA al)
Plante fréquente dans de nombreux milieux ouverts, tout particulièrement les clairières de forêts, les bords de chemins, les fruticées naines et les stations rudéralisées, entre (10)-500 et 2 400 m. Elle est disséminée dans toute l'île. La valeur taxonomique des populations corso-sardes est très discutée et certains auteurs ne les reconnaissent pas comme distinctes des populations continentales. Relativement à ces dernières, les fleurs sont d'un rose plus pâle et le feuillage apparaît souvent un peu plus blanchâtre.
T : 20-160 cm
L : 30-40 mm

LISTE DES ENDÉMIQUES

PRÉSENTÉE PAR ORDRE ALPHABÉTIQUE DES FAMILLES
DANS CHACUN DES GRANDS GROUPES DE VÉGÉTAUX

[Document extrait en partie du Catalogue des plantes vasculaires de la Corse *(2e éd.), par J. Gamisans et D. Jeanmonod, éd. Conservatoire et Jardin botaniques de Genève, 1993.]*

Abréviations utilisées pour les données bibliographiques récentes concernant la flore de la Corse

N1 : JEANMONOD, D., G. BOCQUET & H. M. BURDET (éds) (1986). Notes et contributions à la flore de Corse, I. *Candollea* 41 : 1-61.

N2 : JEANMONOD, D. & H. M. BURDET (éds) (1987). Notes et contributions à la flore de Corse, II. *Candollea* 42 : 25-95.

N3 : JEANMONOD, D. & H. M. BURDET (éds) (1988). Notes et contributions à la flore de Corse, III. *Candollea* 43 : 335-408.

N4 : JEANMONOD, D. & H. M. BURDET éds) (1989). Notes et contributions à la flore de Corse, IV. *Candollea* 44 : 337-401.

N5 : JEANMONOD, D. & H. M. BURDET (éds) (1989b). Notes et contributions à la flore de Corse, V. *Candollea* 44 : 575-637.

N6 : JEANMONOD, D. & H. M. BURDET (éds) (1990). Notes et contributions à la flore de Corse, VI. *Candollea* 45 : 261-340.

N7 : JEANMONOD, D. & H. M. BURDET (éds) (1991). Notes et contributions à la flore de Corse, VII. *Candollea* 46 : 175-226.

N8 : JEANMONOD, D. & H. M. BURDET (éds) (1992). Notes et contributions à la flore de Corse, VIII. *Candollea* 47 : 267-318.

N9 : JEANMONOD, D. & H. M. BURDET (éds) (1993). Notes et contributions à la flore de Corse, IX. *Candollea* 48 : 525-591.

C1 : CONRAD, M. (1986). Essai sur la répartition de Taxus baccata L. en Corse. *Candollea* 41 : 51-54.

C2 : THIÉBAUD, M.-A. & R. DESCHÂTRES (1986). Notes sur le genre Aegilops L. en Corse. *Candollea* 41 : 54-59.

C3 : BOSC, G. (1986). Lamium x conradiae G. Bosc (= L. garganicum subsp. laevigatum x L. corsicum), un nouvel hybride. *Candollea* 41 : 59-61.

C4 : DESCHÂTRES, R. & G. DUTARTRE (1987). Contribution à l'étude du genre Hieracium en Corse. *Candollea* 42 : 83-95.

C5 : THIÉBAUD, M.-A. (1988). Contribution à la connaissance de l'Anchusa crispa Viv. en Corse. *Candollea* 43 : 390-396.

C6 : NATALI, A. & D. JEANMONOD (1988). Galium verrucosum Hudson var. halophilum (Ponzo) Natali & Jeanmonod comb. nov., nouveau pour la Corse. *Candollea* 43 : 397-401.

C7 : PRUDHOMME, J. (1988). Un hybride inédit en Corse, Saxifraga x conradiae J. Prudhomme. *Candollea* 43 : 401-405.

C8 : LAMBINON, J. & M. KERGUÉLEN (1988). Trois combinaisons nomenclaturales nouvelles relatives à la flore corse. *Candollea* 43 : 405-406.

C9 : GOTTSCHLICH, G. (1988). Alte korsische Hieracien-Belege des Genfer Herbars. *Candollea* 43 : 406-407.

C10 : LAMBINON, J., P. COMPERE, R. d'HOSE & L. TRIEST (1989). Contribution à la connaissance des macrophytes des eaux douces et saumâtres de la Corse. *Candollea* 44 : 388-394.

C11 : CONTANDRIOPOULOS, J. & C. ZEVACO-SCHMITZ (1989). A propos d'un endémique cyrno-sarde méconnu : Scilla corsica Boullu. *Candollea* 44 : 394-401.

C12 : LAMBINON, J., P. COMPERE, R. d'HOSE & L. TRIEST (1989). Contribution à la connaissance des macrophytes des eaux douces et saumâtres de la Corse

(suite). *Candollea* 44 : 625-637.
C13 : Huber, W. (1989). Ranunculus kuepferi Greuter & Burdet in Korsica (Gruppe R. pyrenaeus L.). *Candollea* 44 : 630-637.
C14 : Geissler, P. (1990). A propos de l'identité de Leucodon corsicus Schimp. ex Lor. nom inval. (bryophytes). *Candollea* 45 : 300-301.
C15 : Gamisans, J. (1990). Les Adoxaceae, une famille probablement absente de la flore corse. *Candollea* 45 : 301-302.
C16: Natali, A. (1990). Sherardia arvensis var. maritima Griseb. dans le domaine cyrno-sarde. *Candollea* 45 : 302-308.
C17 : Hinz, P.-A. (1990). Contribution à la connaissance du Digitalis purpurea subsp. purpurea dans le domaine cyrno-sarde. *Candollea* 45 : 308-314.
C18 : Jauzein, P. (1990). Le genre Typha en Corse. *Candollea* 45 : 314-334.
C19 : Thiébaud, M.-A. (1990). Contribution à la connaissance de l'Armeria leucocephala Salmz. ex Koch en Corse. *Candollea* 45 : 334-337.
C20 : Huber, W. (1990). Eine neue Ploidiestufe von Ranunculus kuepferi x R. platanifolius aus Korsika. *Candollea* 45 : 337-340.
C21 : Lambinon, J. (1991). Le problème de la variabilité de Plantago major L. en Corse. *Candollea* 46 : 210-217.
C22 : Lambinon, J. & R. Deschâtres (1991). Les Anthoxanthum annuels de Corse. *Candollea* 46 : 217-222.
C23 : Natali, A. (1991). Galium debile Desv. en Corse. *Candollea* 46 : 222-226.
C24 : Gamisans, J. (1992). Contribution à l'étude du genre Ranunculus en Corse. *Candollea* 47 : 302-306.
C25 : Lambinon, J., R. Deschâtres, G. Dutartre & G. Bosc (1992). Le groupe de Carex flava en Corse. *Candollea* 47 : 306-311.
C26 : Natali, A. & D. Jeanmonod (1992). Sur la présence de Galium mollugo L. s. str. en Corse. *Candollea* 47 : 311-318.
C27 : Verlaque, R., J. Contandriopoulos & A. Aboucaya (1993). Recherches cyto-biogéographiques sur quelques taxons rares ou endémiques de Corse : I. *Candollea* 48 : 562-576.
C28 : Medail, F. & A. Aboucaya (1993). Thymelaea x conradiae Aboucaya & Médail (= T. hirsuta (L.) Endl. x T. tartonraira (L.) All. subsp. tartonraira), hybride nouveau découvert en Corse. *Candollea* 48 : 576-582.
C29 : Felber, F. (1993). Présence de trois taxons pérennes d'Anthoxanthum L. en Corse. *Candollea* 48 : 582-591.

Abréviations biogéographiques

Il est apparu utile de préciser de quel ensemble floristique est originaire chaque endémique. Les types biogéographiques d'origine de chaque taxon sont abrégés comme ci-dessous :

TAXONS MÉDITERRANÉENS :

[Sténoméd.] : sténoméditerranéens, taxons à aire limitée aux côtes méditerranéennes (zones à période sèche estivale, aire de l'olivier), au sens large, de Gibraltar à la mer Noire

[Euryméd.] : euryméditerranéens, taxons à aire centrée sur les côtes méditerranéennes mais se prolongeant vers le nord et vers l'est (aire de la vigne)

[Méd-Mont.] : méditerranéo-montagnards, taxons méditerranéens mais limités aux montagnes.

EURASIATIQUES : TAXONS DU CONTINENT EURASIEN, AVEC LES SUBDIVISIONS SUIVANTES :

[Paléotemp.] : paléotempérés, c'est-à-dire eurasiatiques au sens large, pouvant déborder même en Afrique du Nord

[Euras.] : eurasiatiques au sens strict, de l'Europe au Japon

[Europ-Cauc.] : d'Europe et du Caucase

[Europ.] : à aire européenne

[Centr-Europ.] : d'Europe tempérée, de la France à l'Ukraine

[Europ-N] : d'Europe septentrionale

[Europ-SE] : de la région carpatico-danubienne

[Europ-S] : d'Europe méridionale

[Atlant.] : atlantiques, taxons à aire centrée sur les côtes atlantiques d'Europe.

Orophytes-sud-européens : taxons montagnards et alpins des reliefs de l'Europe méridionale, avec les subdivisions suivantes :

[Oro-S-Europ.] : orophytes sur toute l'aire sud-européenne, depuis la péninsule ibérique jusqu'aux Balkans et éventuellement jusqu'au Caucase ou l'Anatolie.

[Oro-Europ.] : orophytes distribués sur les montagnes centro-européennes (Alpes, Jura, Carpates et chaînes méridionales), parfois centrés sur les chaînes méridionales.

Taxons boréaux ou généralement nordiques avec les subdivisions suivantes :

[Boréal] : taxons circumboréaux des zones froides ou tempérées-froides d'Europe, d'Asie, d'Amérique du Nord.

[Eurosib.] : taxons eurosibériens des zones froides ou tempérées froides de l'Eurasie.

[Arct-Alp.] : taxons arctico-alpins des zones arctiques de l'Eurasie et l'Amérique du nord et des hautes montagnes des zones tempérées correspondantes, à aire parfois réduite à l'Europe, à l'Eurasie ou à l'Europe et l'Amérique.

autres taxons :

[Méd-Tour.] : méditerranéens-touraniens, des zones désertiques et subdésertiques depuis le bassin méditerranéen jusqu'à l'Asie centrale.

[Cosmop.] : cosmopolites, répartis dans toutes (ou presque) les zones du monde, parfois avec des lacunes importantes comme un continent ou une zone climatique (subcosmopolites).

Autres abréviations et signes distinctifs

≡ Synonyme nomenclatural
= Synonyme taxonomique ou noms mal appliqués
c.o. : communication orale
l.c. : *in loco citato* (dans l'endroit cité)

Les étages de végétation ont été mentionnés entre parenthèses avec les mêmes abréviations que dans la première partie de l'ouvrage.

Pour chaque taxon ont été ajoutés les ***noms des unités phytosociologiques*** où il offre son optimum. La nomenclature phytosociologique correspond globalement à celle utilisée dans l'ouvrage *La végétation de la Corse* (J. Gamisans, 1991).

Le type biologique a également été précisé pour chaque endémique en utilisant les abréviations suivantes placées entre // :

T : thérophyte (plante annuelle)
He : hélophyte (plante des marais, à partie immergée et partie émergée, à bourgeons immergés à la mauvaise saison)
Hy : hydrophyte (plante totalement immergée radicante ou nageante, parfois flottante en surface)
G : géophyte (plante passant la mauvaise saison sous forme d'un organe complètement souterrain (rhizome, tubercule, bulbe)
H : hémicryptophyte (plante passant la mauvaise saison avec les bourgeons au ras du sol, souvent protégés par des feuilles)
Ch : chaméphyte (plante ligneuse ou herbacée dont l'appareil aérien et les bourgeons persistent en hiver au-dessus du sol mais ne dépassent pas 25 cm de hauteur)
P : phanérophyte (arbre ou arbuste dont la hauteur au-dessus du sol est toujours supérieure à 25 cm)
NP : nanophanérophyte (cas particulier du cas précédent: arbuste dont la hauteur est supérieure à 25 cm mais atteint tout au plus 50 cm)

Le nombre chromosomique a également été précisé lorqu'il a pu être établi sur des plantes corses. Ces données ont été essentiellement extraites des travaux de Contandriopoulos (1962, 1964), Contandriopoulos & Gamisans (1975), Aboucaya (1989) et Verlaque & al. (1993, 1995).

Seuls **les indices de rareté** RR, R, LOC, ont été reportés (voir la signification de ces abréviations au début du chapitre consacré aux photographies de plantes). L'indication "D?" concerne les taxons ayant probablement disparu, "?" les taxons dont la présence (même dans le passé) en Corse reste incertaine.

PTERIDOPHYTA

ASPLENIACEAE

Asplenium balearicum Shivas — Voir Dutartre & Deschâtres, N6 : 262. [End. Co-Sa-Baléares-Capraia-Palmarola-Pantelleria d'orig. Sténoméd.] *Sedo-Dianthetum, Phagnalo-Cheilanthion* (me) /H/ 2n =144 RR

DRYOPTERIDACEAE

Dryopteris tyrrhena Fraser-Jenkins & Reichst. (= *D. filix-mas* subsp. *rigida* var. *nevadensis* (Boiss.) Litard. ≡ *Aspidium nevadense* Boiss.) — Voir Badré & al., *Adansonia* 4: 454, 1986 et Dutartre, N8: 269. [End. Co-Sa-Alpes-mar.-Elbe-Espagne-Italie d'orig. Oro-S-Europ.] *Phagnalo-Cheilanthion, Potentillion crassinerviae (Asplenietea rupestria)* (tm me SM) /G/ 2n = 164

GYMNOSPERMAE PINACEAE

Pinus nigra Arnold subsp. **laricio** Maire — [End. Co-Calabre-Sicile d'orig. Méd-Mont.] *Querco-Fagetea, Carlinetea macrocephalae* (me SM MO) /P/

ANGIOSPERMAE MONOCOTYLEDONES

AMARYLLIDACEAE

* **Leucojum longifolium** (M. J. Roemer) Gren. — [End. Co d'orig. Euryméd.] *Quercetea ilicis, Querco-Fagetea, Cisto-Lavanduletea, Tuberarietea guttatae, Carlinetea macrocephalae* (tm ME SM mo) /G/ 2n = 16 LOC

Leucojum roseum F. Martin — [End. Co-Sa d'orig. Euryméd.] *Quercetea ilicis, Cisto-Lavanduletea, Tuberarietea guttatae, Isoetion* (tm ME) /G/ 2n = 16 R

Pancratium illyricum L. — [End. Co-Sa-Capraia d'orig. Euryméd.] *Cisto-Lavanduletea* (TM ME SM mo) /G/ 2n = 22

ARACEAE

Arum pictum L. fil. — [End. Co-Sa-Baléares-Capraia d'orig. Sténoméd.] *Cisto-Lavanduletea, Tuberarietea guttatae, Oleo-Ceratonion* (TM ME) /G/ 2n = 28

* **Dracunculus muscivorus** (L. fil.) Parl. (≡ *Helicodiceros muscivorus* (L. fil.) Engler ≡ *Arum muscivorum* L. fil.) — N3: 339, N6: 265, 13 localités connues. [End. Co-Sa-Baléares d'orig. Sténoméd.] *Cisto-Lavanduletea, Tuberarietea, Oleo-Ceratonion, Stellarietea mediae* (TM me sm) /G/

CYPERACEAE

Carex hallerana Asso subsp. **corsica** (Mabille) Ciferri & Giacomini (≡ *C. hallerana* var. *corsica* Mabille = *C. humilis* sensu Briq., Prodr. Fl. Corse 1: 212, 1910, non Leyss.) — Voir Deschâtres & al., N6: 265, présent sur calcaires et serpentines. [End. Co d'orig. Euryméd.] *Caricion caryophylleae, Teucrion mari, groupement à Notholaena marantae* (tm ME sm) /H/

Carex microcarpa Moris — [End. Co-Sa-Italie d'orig. Euras.] *Caricion microcarpae* (RI1 RI2 RI3) /G/He/ 2n = 60

IRIDACEAE

Crocus corsicus Maw — [End. Co-Sa d'orig. Euryméd.] espèce présente dans de nombreux types de milieux depuis le bord de mer jusqu'à l'étage alpin (tm me SM MO OR SA AL) /G/ 2n = 22

Crocus minimus DC. — N1: 11. [End. Co-Sa-Capraia d'orig. Euryméd.] *Cisto-Lavanduletea, Tuberarietea guttatae, Molinio-Juncetea* (TM ME sm mo) /G/ 2n = 22

Romulea corsica Jordan & Fourr. — Ce taxon, bien individualisé, n'avait guère été revu depuis sa description des salines de Portivechju. Il vient d'être retrouvé dans 3 autres localités corses (Fridlender, Gamisans, Marzocchi, Moret, voir Gamisans & al, 1994). Il se rapproche de *R. requienii* (fleurs assez grandes à style dépassant les étamines) mais s'en distingue par des tépales plus étroits et aigus (fleurs “en étoile”), les externes plus pâles et portant une ligne longitudinale verte. [End. Co d'orig. Sténoméd.] bordures des *Arthrocnemetea, Isoetion, Tuberarion guttatae* (li tm) /G/ RR

Romulea jordani Bég. — Taxon critique. Sa description a été faite par Béguinot à partir d'un exsiccatum de Baeyer récolté près d'Ajaccio “ad litora prope Scudo”. La gorge du périgone est décrite comme jaune, caractère sur lequel s'est probablement basé Marais (*Flora Europaea* 5: 99, 1980) pour inclure ce taxon dans *R. bulbocodium*. Briquet le rapproche plutôt de *R. corsica*. La localité du Scudu est actuellement complètement rudéralisée et ne porte plus de *Romulea*. Ce taxon a cependant été observé par J.-M. Tison (in litt.) en 1995 et correspondrait, selon lui, à un hybride entre *R. revelieri* et *R. ramiflora* Ten.[End. Co d'orig. Sténoméd.] (li) /G/ RR

* **Romulea ligustica** Parl. (≡ *R. bulbocodium* (L.) Sebastiani & Mauri subsp. *ligustica* (Parl.) Maire & Weiller) — En fait, cette espèce est largement présente en Afrique du Nord et n'est donc pas endémique de Co-Sa-Italie. Il s'agit toutefois d'une espèce très rare dans le nord-ouest de la Méditerranée, et qui mérite une attention particulière. [Sténoméd-W] *Cistion, Tuberarion* (LI tm) /G/ RR

Romulea requienii Parl. (incl. var. **parviflora** Bég.) — Certaines populations présentent de notables variations (Cap Corse, voir Gamisans & al, 1994). [End. Co-Sa-W Italie d'orig. Sténoméd.] en bordure des *Arthrocnemetea, Thymelaeo-Helichrysetum, Isoetion, Tuberarion guttatae, Cisto-Lavanduletea* (LI TM me sm) /G/ 2n = 34

* **Romulea revelieri** Jordan & Fourr. (= *R. insularis* Sommier, incl. var. *viridilineolata* Bég.) — Voir Litardière, *Candollea* 11: 194, 1948 et Bosc, N3: 342. Les populations corses identifiées sous le nom de *R. insularis* Sommier doivent en fait être rapportées à *R. revelieri*, les caractères distinctifs indiqués par Sommier (tépales plus ou moins aigus, étamines à filet

glabre) variant souvent dans une même population. Le type de Béguinot (Capraia) correspond à des individus plus petits que le type de Jordan & Fourreau (Portivechju). L'étroite parenté de *R. insularis* et *R. revelieri* avait déjà été relevée par Litardière (*Bull. Soc. Bot. France* 70: 819, 1924 "1923" et *Candollea* 11: 194, 1948. [End. Co-Sa-Capraia d'orig. Sténoméd.] bordure des *Arthrocnemetea, Thymelaeo-Helichrysetum, Saginetea maritimae, Isoetion, Tuberarion guttatae, Molinio-Juncetea, Caricion caryophylleae* (LI tm me sm mo) /G/ R

JUNCACEAE

Juncus requienii Parl. (= *J. alpinus* auct. cors.) — Snogerup (*Flora Europaea* 5: 110, 1980) considère qu'il s'agit là d'une espèce endémique de Corse. Ses caractères la situent entre *J. alpinus* Vill. et *J. articulatus* L. [End. Co d'orig. Eurosib.] *Sieglingion (Molinio-Juncetea), Bellidio-Bellion nivali (Scheuchzerio-Caricetea nigrae)* (MO SA al) /H/

Luzula spicata (L.) DC. subsp. **italica** (Parl.) Arcangeli — Le *L. italica sensu* Chrtek & Křísa (*Fl. Europaea* 5: 113, 1980) correspond au *L. bulgarica* Chrtek & Křísa dont les caractères sont sensiblement différents de ceux du taxon cyrno-sarde. Le nom de *L. italica* Parl. s'applique en priorité au taxon cyrno-sarde car les types de Parlatore sont issus de Corse et Sardaigne (voir Gamisans, *Candollea* 29: 42, 1974). [End. Co-Sa d'orig. Oro-S-Eur.] *Saginetea piliferae* (mo OR SA AL) /H/ 2n = 36

LILIACEAE

Allium acutiflorum Loisel. — Voir Greuter (*Bull. Soc. Bot. France* 121: 145, 1975 «1974») et Deschâtres, N2: 32. Récolté aussi en Catalogne (adventice?) par Sennen (G). [End. Co-Provence-Ligurie d'orig. Sténoméd-W] *Thymelaeo-Helichrysetum* (li tm me) /G/ R

Allium paniculatum L. subsp. **salinum** (Debeaux) F. Botté & Kerguélen — Voir Litardière, *Candollea* 11: 192, 1948 et 14: 132, 1953. [End. Co-Provence d'orig. Paléotemp.] *Arthrocnemetea, Juncetea maritimi* (LI) /G/ R

Allium parciflorum Viv. — [End. Co-Sa d'orig. Euryméd.] *Tuberarietea, Cisto-Lavanduletea, Carlinetea macrocephalae, Saginetea piliferae* (tm ME SM MO or) /G/ 2n = 16

Allium roseum L. var. **insulare** Gennari (= ? *A. confertum* Jordan & Fourr.) — Taxon de taille réduite, peu signalé mais semblant assez fréquent dans la région de Bunifaziu. [End. Co-Sa d'orig. Sténoméd.] *Thymelaeo-Helichrysetum, Cisto-Lavanduletea* (li tm) /G/ LOC

Brimeura fastigiata (Viv.) Chouard (≡ *Hyacinthus fastigiatus* (Viv.) Bertol. = *H. pouzolzii* Gay) — [End. Co-Sa-Baléares-Grèce d'orig. Euryméd.] présent dans tous les groupements un peu ouverts depuis le bord de mer jusqu'aux plus hauts sommets (li tm ME SM MO OR SA al) /G/ 2n = 14

Colchicum alpinum DC. subsp. **parvulum** (Ten.) Nyman — Voir Litardière, *Candollea* 15: 20, 1955 et Gamisans, *Candollea* 25: 113, 1970. [End. Co-Sa-Sicile-Apennins d'orig. Méd-Mont.] *Carlinetea macrocephalae, Saginetea piliferae, Bellidio-Bellion nivali* (MO SA) /G/ 2n = 120 R

* **Colchicum corsicum** Baker — Voir Litardière, *Bull. Soc. Sci. Hist. Nat. Corse* 42: 211, 1922 et Bosc, N4: 352. Espèce présente également (I. Guyot in litt.) dans les îles de La Maddalena (Sardaigne septentrionale). [End. Co-Sa d'orig. Sténoméd.] *Helichryso-Crucianelletea, Molinio-Juncetea* (tm me sm) /G/ RR

* **Gagea bohemica** (Zauschner) Schultes & Schultes fil. subsp. **corsica** (Jordan & Fourr.) Gamisans (≡ *G. corsica* Jordan & Fourr.) — Ce taxon semble proche du subsp. *nebrodensis* (Guss.) I. B. K. Richardson (= *G. busambarensis* (Tineo) Parl.) calabro-sicilien. Voir Pignatti, *Fl. d'Italia* 3: 354, 1982. [End. Co-Sa-Elbe d'orig. Oro-S-Europ.] *Tuberarion, Caricion caryophylleae* (me SM MO) /G/ 2n = 36

* **Gagea soleirolii** F. W. Schultz subsp. **soleirolii** (= *G. nevadensis* auct. *Fl. Europaea*, p.p.) — [End. Co-Sa-Baléares-Pyrénées d'orig. Méd-Mont.] *Saginetea piliferae* (mo OR SA AL) /G/ 2n = 36

Narthecium reverchonii Čelak. — [End. Co d'orig. Atlant.] *Doronicion corsici* (ri1 ri2 RI3 MO SA) /H/ 2n = 26

* **Ornithogalum exscapum** Ten. subsp. **sandalioticum** Tornadore & Garbari (= *O. corsicum* Jord. & Fourr. = *O. biflorum* Jord. & Fourr.) — Voir Pignatti, *Fl. d'Italia* 3: 371, 1982. Taxon de peu de valeur selon Moret (c.o.) mais à considérer au niveau spécifique selon Garbari (*Boll. Soc. Sarda Sci. Nat.* 27: 253-258, 1990). [End. Co-Sa d'orig. Euras.] *Tuberarion, Thero-Brachypodion, Teucrion mari* (tm) /G/ LOC

Scilla autumnalis L. var. **corsica** (Boullu) Briq. (= *Scilla corsica* Boullu) — Voir Contandriopoulos & Zevaco, C11 et Lambinon N9: 532. [End. Co-Sa d'orig. Euryméd.] *Tuberarion, Cisto-Lavanduletea* (tm) /G/ 2n = 14 R

Scilla obtusifolia Poiret subsp. **intermedia** (Guss.) Béguinot — Des observations récentes montrent que cette espèce n'est pas rare mais semble localisée dans la région de Bunifaziu, sur silice. Pour la nomenclature, voir Soldano, *Nat. Bresciana* 27: 54, 1992. [End. Co-Sa-Baléares-Espagne d'orig. Sténoméd.] *Tuberarion, Teucrion mari* (tm me) /G/ 2n = 8 LOC

ORCHIDACEAE

Ophrys conradiae Melki & Deschâtres (= *O. scolopax* auct.) — Ce taxon très récemment décrit (*Orchidophile* 107: 101-107, 1993), correspond aux populations cyrno-sardes du gr. *scolopax*. Une douzaine de stations connues.

[End. Co-Sa d'orig. Euryméd-N] *Thero-Brachypodion, Teucrion mari, Cistion* (tm ME) /G/

Ophrys morisii (Martelli) Cif. & Giacomini — Taxon proche d'*O. arachnitiformis* et parfois signalé en Corse sous ce dernier nom ou sous celui d'*O. crabronifera* ou encore (Briquet) sous celui d'*O. fuciflora* var. *linearis*. Pour ses caractères, sa répartition en Corse et les confusions auxquelles il a donné lieu, voir Engel, *Orchidophile* 80: 32, 1988. [End. Co-Sa d'orig. Sténoméd.] *Thero-Brachypodion, Teucrion mari, Cistion,* (TM me) /G/ R

Ophrys sphegodes Miller subsp. **praecox** Corrias — Voir Conrad, N2: 36 et Engel, *Orchidophile* 80: 34, 1988. Ce dernier signale que dans les populations de ce taxon, à côté d'individus typiques correspondant bien à la description de Corrias (sépales blancs, parfois verdâtres, rarement marqués de rose), figurent des exemplaires au périgone d'un vert foncé proches du subsp. *sphegodes*. Des individus d'*O. morisii* sont également présents dans ces stations. Selon Engel, ces formes de transition pourraient correspondre à une introgression avec *O. morisii, sphegodes* type, voire *exaltata Ten.* disparus ou du moins non observés en Corse. Ces formes de transition, difficiles à interpréter et le subsp. *praecox* lui-même, longtemps méconnu, seraient à l'origine des indications erronées en Corse des *O. arachnitiformis, sphegodes, exaltata*. C'est probablement le cas pour Haussmann (1985 : 125, 126) qui signale en Corse *O. arachnitiformis, O. sphegodes*, subsp. *sphegodes*, subsp. *litigiosa*, subsp. *provincialis*. [End. Co-Sa d'orig. Euryméd-N] *Thero-Brachypodion, Teucrion mari* (TM) /G/ R

Serapias nurrica Corrias — Voir N3: 343, N7: 189 et N9: 535. [End. Co-Sa d'orig. Sténoméd.] *Tuberarion* humide, *Isoetion* (TM me) /G/ R

Serapias olbia Verguin — Voir N9: 535. [End. Co-Provence d'orig. Sténoméd.] *Tuberarion* humide, *Isoetion* (tm me) /G/ R

POACEAE (GRAMINEAE)

* **Aira provincialis** Jordan — L'indication de la présence en Corse de cette espèce ne repose que sur des comptes-rendus d'excursion de la Société Botanique de France en 1877 où Gillot et Billiet citent cet *Aira* respectivement au Monte Fòscu et à San Fiurenzu (curieusement dans leurs listes, aucun autre *Aira* n'est cité) et sur une indication de Litardière, 1922, dans le Niolu (d'après un *exsiccatum* de Cousturier non retrouvé aujourd'hui dans son herbier). Aucun *exsiccatum* ni aucune autre indication ne sont venus confirmer la présence de cette espèce en Corse, présence qui reste donc à vérifier. [End. Provence ? Co] *Tuberarion* (tm? sm?) /T/ ?

Arrhenatherum elatius (L.) Beauv. subsp. **sardoum** (E. Schmid) Gamisans — Il est encore prématuré d'affirmer que toutes les populations diploïdes (en particulier méditerranéennes) d'*A. elatius* ne s'intégrant pas dans les subsp. *elatius* et subsp. *bulbosum* se rapportent au subsp. *sardoum*, présent en Corse et en Sardaigne sur des substrats siliceux et offrant la particularité d'y être relativement alticole. [End. Co-Sa d'orig. Euras.] *Arrhenatherion sardoi, Caricion caryophylleae* (sm MO OR SA al) /H/ 2n = 14

Calamagrostis varia (Schrader) Host subsp. **corsica** (Hackel) Rouy (≡ *C. varia* var. *corsica* Hackel ≡ *Deyeuxia varia* (Schrader) Kunth subsp. *corsica* (Hackel) Kerguélen) — [End. Co-Italie d'orig. Euras.] *Doronicion corsici* (RI3 sa) /H/ 2n = 28

Corynephorus articulatus (Desf.) Beauv. var. **littoralis** (Coste) Hackel (≡ *Schismus littoralis* Coste) — Voir Deschâtres, *Bull. Soc. Ech. Pl. Vasc. Eur. Bass. Médit.* 19: 81, 1984. [End. Co d'orig. Sténoméd.] *Crucianellion* (li sm) /T/RR

* **Elytrigia corsica** (Hackel) J. Holub (≡ *Elymus corsicus* (Hackel) Kerguélen ≡ *E. nodosus* (Nevski) Melderis subsp. *corsicus* (Hackel) Melderis ≡ *Agropyron corsicum* (Hackel) Contandr. =*A. latronum* (Godron) Boiss. & Loret var. *orsinii* Litard.) — Voir Deschâtres, Monde Pl. 370-371: 11-13, 1971. [End. Co d'orig. Euras.] *Arenarion bertolonii* (me SM) /H/ 2n = 28

Festuca arundinacea Schreber subsp. **cirtensis** (St-Yves) Gamisans (≡ *F. elatior* subsp. *arundinacea* var. *cirtensis* St-Yves) — Signalé en Corse par St-Yves, *Rev. Bret. Bot.* 2: 87, 1927, mais non cité à nouveau par Litardière ou d'autres auteurs. Présence et répartition éventuelle à vérifier. [End. Co-Algérie? d'orig. Méd-Mont.] (me?) /H/ ?

Festuca arundinacea subsp. **corsica** (Hackel) Kerguélen — Les populations corses de ce taxon ont souvent été rapportées auparavant au subsp. *fenas*. Elles s'en distinguent en particulier par les glumelles aristées (arête de (0,5)1-2(2,5) mm) et se rapprochent ainsi du subsp. *atlantigena* (St-Yves) Auquier (Voir Kerguélen, l.c.: 6). Elles diffèrent toutefois de cette dernière sous-espèce par le nombre chromosomique (2n = 42, populations du littoral corse, Kerguélen in litt. M. Muracciole, contre 2n = 56 pour le subsp. *atlantigena*). N4: 363. [End. Co d'orig. Euras.] *Molinio-Juncetea* (RI1 RI2 TM ME SM mo) /H/ 2n = 42

Festuca cyrnea (Litard. & St-Yves) Markgr.-Dannenb. (≡ *F. rubra* subsp. *rubra* var. *cyrnea* Litard. & St-Yves) — Kerguélen (in litt.) considère que ce taxon est à rapprocher du *F. trichophylla*. [End. Co-Sa-Italie-Provence d'orig. Eurosib.] (sm MO) /H/

Festuca gamisansii Kerguélen (= *F. indigesta* Boiss. subsp. *litardierei* (St-Yves) Kerguélen) — Cette fétuque est très répandue dans le massif rhyolitique du Cintu, très rare ailleurs (Monte Ritondu, Bastelica). Elle s'y présente sous des aspects distincts (allant de plantes robustes à feuilles longues à des plantes plus grêles à feuilles courtes) et a été primitivement déterminée comme « *F. ovina* subsp. *ovina* var. *duriuscula* » ("subvar. *crassifolia* ou subvar. *genuina*") par Litardière, Briquet (*Prodr. Fl. Corse* 1: 150, 1910) et St-Yves (in hb. Cousturier, récoltes de juin 1912, St-Yves déterm. sept. 1912). St-Yves a, le premier, rectifié ces erreurs de détermination en 1918 (toujours sur des spécimens de Cousturier provenant de la même récolte de 1912), en reconnaissant que ces fétuques appartenaient à *F. ovina* subsp. *indigesta* Hackel var. *litardierei* St-Yves. Un peu plus tard, St-Yves (*Bull. Soc. Bot. France* 72: 996, 1925) a décrit les deux formes extrêmes sous les noms de *status pinguis* (feuilles longues, de 0,7 à 1,1 mm de diamètre, à 7 (parfois jusqu'à 10) nervures) et *status pusillus* (feuilles courtes et arquées de 0,6 à 0,8 mm de diamètre). C'est cette dernière forme qui a été signalée précédemment (Gamisans, *Trav. Sci. Parc Natl. Port-Cros* 8: 46, 1983 "1982") sous le nom de « *F. duriuscula auct.* ». [End. Co-Sa-Elbe d'orig. Méd-Mont.] *Anthyllion hermanniae* (sm MO OR) /H/

Festuca sardoa (Barbey) K. Richter (≡ *F. pumila* Vill. subsp. *sardoa* (Barbey) Litard.) — [End. Co-Sa d'orig. Oro-S-Europ.] *Festuco-Phyteumetum serrati* (sm MO OR SA AL) /H/ 2n = 14

Phalaris arundinacea L. subsp. **rotgesii** (Husnot) Kerguélen (≡ *P. arundinacea* L. var. *rotgesii* (Husnot) Briq. ≡ *Typhoides arundinacea* (L.) Moench subsp. *rotgesii* (Husnot) Gamisans) — N2: 41. [End. Co d'orig. Eurosib.] *Doronicion corsici* (ri1 RI2 RI3 MO sa) /H/ 2n = 14

Phleum parviceps (Briq.) A. W. Hill (≡ *P. alpinum* L. var. *parviceps* Briq. = *P. brachystachyum* (Salis) Gamisans, Romero & Morales subsp. *brachystachyum* ≡ *P. pratense* L. var. *brachystachyum* Salis = *P. alpinum* auct. cors. non L.) — Voir Gamisans, Romero & Morales, *Candollea* 38: 654, 1983. [End. Co d'orig. Oro-S-Europ.] *Sedo-Phleion* (SA AL) /H/ 2n = 14

Poa balbisii Parl. var. **balbisii** (incl. var. *depauperata* Rouy = *P. balbisii* Parl. s.s. et var. *elatior* (Hackel) Rouy) — Taxon essentiellement sylvatique. [End. Co-Sa d'orig. Eurosib.] *Fagetalia* (sm MO or sa) /H/

Poa balbisii var. **prorepens** (Hackel) Rouy — Taxon fréquent dans les pelouses alticoles. *Poa balbisii* se présente en Corse comme une plante très variable. L'étude de ces variations et des rapports que les taxons cités peuvent présenter avec *P. nemoralis* L. et même *P. glauca* Vahl (*P. caesia* Sm.) serait particulièrement souhaitable. [End. Co d'orig. Eurosib.] *Saginetea piliferae* (OR sa AL) /H/

Poa balbisii var. **rigidior** (Hackel) Rouy — Taxon fréquent dans les fruticées naines. [End. Co-Sa d'orig. Eurosib.] *Carlinetea macrocephalae, Saginetea piliferae* (sm MO OR sa al) /H/

Sesleria insularis Sommier subsp. **insularis** (= *S. caerulea* var. *corsica* Hackel) — N3: 348. [End. Co-Sa-Baléares d'orig. Méd-Mont.] *Asplenietea rupestria* (tm ME SM mo OR sa) /H/ 2n = 28

* **Trisetum conradiae** Gamisans — Voir Gamisans, *Candollea* 26: 322, 1971. [End. Co d'orig. Oro-S-Europ.] *Paronychio-Armerietum* (or) /H/ 2n = 14 RR

Trisetum flavescens (L.) Beauv. var. **burnoufii** (Parl.) Hackel — Taxon non revu depuis sa description. [End. Co d'orig. Euras.] (me?) /H/ D?

Trisetum flavescens subsp. **corsicum** (Rouy) Cif. & Giacomini (≡ *T. flavescens* var. *corsicum* (Rouy) Briq.) — [End. Co d'orig. Euras.] *Anthyllion, Caricion caryophylleae* (me SM MO OR) /H/

* **Trisetum gracile** (Moris) Boiss. — Voir Gamisans, *Candollea* 28: 50, 1973. [End. Co-Sa d'orig. Oro-S-Europ.] *Sagino-Caricetum, Paronychio-Armerietum* (mo or) /H/ 2n = 14 RR

ANGIOSPERMAE DICOTYLEDONES

APIACEAE (UMBELLIFERAE)

Apium crassipes (Reichenb.) Reichenb. fil. — N9: 541. [End. Co-Sa-Sicile-Italie méridionale d'orig. Euryméd.] *Littorellion* (RI1 TM me) /Hy/H/

Bunium alpinum Waldst. & Kit. subsp. **corydalinum** (DC.) Nyman — N1: 22. [End. Co-Sa-Sierra Nevada d'orig. Méd-Mont.] *Teucrion mari, Arrhenatherion sardoi, Anthyllion* (li me sm MO OR) /G/ 2n = 22

Bupleurum falcatum L. subsp. **corsicum** (Cosson & Kralik) Rouy & Camus — Le *f. corsicum*, dans les rochers, et le *f. souliei* (Coste) Litard., dans les rocailles, coexistent en Corse. [End. Co d'orig. Euras.] *Festuco-Phyteumetum serrati* (MO OR SA al) /H/

Bupleurum stellatum L. — [End. Co-Alpes d'orig. Oro-Europ.] *Festuco-Phyteumetum serrati* (MO OR SA AL) /H/

Ferula arrigonii Bocchieri — Plante récemment distinguée du *Ferula communis* et présente dans le sud de la Corse, voir Camarda, N8: 278. [End. Co-Sa] *Sylibo-Urticion?* (tm) /H/ RR

Laserpitium halleri Crantz subsp. **cynapiifolium** (DC.) P. Fourn. (≡ *L. cynapiifolium* (DC.) Salis) — [End. Co d'orig. Oro-Europ.] *Festuco-Phyteumetum serrati* (MO OR SA al) /H/ 2n = 22

Ligusticum corsicum Gay var. **corsicum** — [End. Co d'orig. Oro-Europ.] *Saginetea piliferae* (mo OR SA AL) /H/ 2n = 22

Ligusticum corsicum var. **mufraricciae** Gamisans — Voir Gamisans, *Candollea* 32: 65, 1977. [End. Co d'orig. Oro-Europ.] *Festuco-Phyteumetum serrati* (or) /H/ RR

* **Naufraga balearica** Constance & Cannon — Découverte en 1981 en

Corse par Dutartre (Voir Deschâtres, *Rev. Sci. Bourbonnais Centr.-France* 1982: 15, 1982), mais la station semble avoir été détruite (Dutartre, c.o.). [End. Co-Baléares d'orig. Sténoméd.] *Isoetion* (me) /G/ D?

Pastinaca latifolia (Duby) DC. — [End. Co d'orig. Eurosib.] *Atropetalia belladonae, Stellarietea mediae* (RI1 RI2 ME SM) /H/ 2n = 22

Pastinaca sativa L. subsp. **divaricata** (Desf.) Rouy & Camus — [End. Co-Sa d'orig. Eurosib.] *Stellarietea mediae* (RI1 RI2 ME SM mo) /H/

Peucedanum paniculatum Loisel. (≡ *P. officinale* L. subsp. *paniculatum* (Loisel) Frey) — [End. Co d'orig. Méd-Mont.] *Anthyllion, Teucrion mari* (me SM mo) /H/

* **Seseli djianeae** Gamisans — Voir Gamisans, *Candollea* 27: 49, 1972 et N1: 23. [End. Co d'orig. Méd-Mont.] *Festuco-Phyteumetum serrati* (sm mo) /H/ 2n = 20 RR

* **Seseli praecox** (Gamisans) Gamisans (≡ *S. bocconei* Guss. subsp. *praecox* Gamisans) — Voir Gamisans, *Candollea* 27: 48, 1972, et N8: 279. [End. Co-Sa d'orig. Sténoméd.] *Armerio-Seseletum, Crithmo-Limonietea* (li me) /Ch/ 2n = 22 R

ARISTOLOCHIACEAE

Aristolochia rotunda L. subsp. **insularis** (Nardi & Arrigoni) Gamisans (≡ *Aristolochia insularis* Nardi & Arrigoni) — Voir Gamisans & al., N2: 47 et Nardi & Ricceri (Webbia 41: 229, 1987). Ce taxon a été décrit de Sardaigne et a été confondu par les auteurs corses soit avec *A. rotunda* subsp. *rotunda* (chaque fois que les spécimens ont été récoltés sans caulorhize !) soit avec *A. longa* auct. (= *A. paucinervis* Pomel, en raison de la caulorhize longue et cylindrique). Bien que nettement distinct par sa caulorhize, ce taxon présente suffisamment d'affinités (fleurs, feuilles subsessiles) avec *A. rotunda* pour qu'on puisse l'y rattacher à titre de sous-espèce. Robert Deschâtres (in litt.) m'indique qu'il a observé dans l'herbier Chassagne (CLF) un échantillon qui peut être rapporté à ce taxon et qui a été récolté en Catalogne (Vallée du cap Cerbère, près Banyuls, Pyr.-Or.) par M. de Pommaret le 31 mai 1870 (racine indiquée comme longue de 8 ou 9 pouces). En attendant une éventuelle confirmation, le subsp. *insularis* peut être considéré comme un endémique cyrno-sarde. [End. Co-Sa d'orig. Euryméd.] *Molinio-Juncetea, Caricion microcarpae, Quercetea ilicis, Querco-Fagetea* (ri1 TM ME sm) /G/

Aristolochia tyrrhena Nardi & Arrigoni — Taxon récemment décrit de Sardaigne comme vicariant local d'*A. pallida* Willd. dont il s'écarte en particulier par sa caulorhize longue et cylindrique (et non sphérique), sa fleur à labelle court, un aspect plus grêle, des feuilles plus petites. Voir Gamisans, *Candollea* 40: 114, 1985, et Gamisans & al., N3: 355. [End. Co-Sa d'orig. Euryméd.] *Oleo-Ceratonion, Querco-Fagetea* (TM me sm) /G/ 2n = 26 R

ASTERACEAE (COMPOSITAE)

Anthemis asperula Bertol. — Ce taxon a été décrit par Bertoloni (*Fl. Ital.* 9: 368, 1854) à partir d'*exsiccata* de Soleirol provenant du Niolu. Ces *exsiccata* n'ont pas été retrouvés. Bien que proche d'*Anthemis secundiramea*, cette plante, sans fleurs ligulées, est considérée comme une espèce distincte, endémique de Corse et Sicile, par Pignatti (*Fl. d'Italia* 3: 71, 1982). Présence en Corse à confirmer. [End. Co-Sicile d'orig. Sténoméd.] (sm?) /T/ D?

Artemisia caerulescens L. subsp. **gallica** (Willd.) K. Persson var. **densiflora** (Viv.) Gamisans (≡ *A. densiflora* Viv.) — Voir Pignatti, *Fl. d'Italia* 3: 108, 1982. [End. Co-Sa d'orig. Euryméd.] *Crithmo-Limonietum obtusifolii* (li tm) /Ch/ RR

Bellis bernardii Boiss. & Reuter — [End. Co d'orig. Oro-S-Europ.] *Bellidio-Bellion nivali* (mo SA AL) /H/ 2n = 18

Bellium bellidioides L. — [End. Co-Sa-Baléares d'orig. Médit-Mont.] *Thymelaeo-Helichrysetum, Tuberarion* humide, *Isoetion, Carlinetea macrocephalae, Saginetea piliferae* (li tm me SM MO OR sa) /H/ 2 n = 18

Bellium nivale Req. (= *B. corsicum* Simon) — Voir Gamisans (*Candollea* 35: 201-209, 1980). [End. Co d'orig. Médit-Mont.] *Bellidio-Bellion nivali* (mo SA al) /H/ 2n = 18

Cacalia briquetii (Gamisans) Gamisans (≡ *Adenostyles briquetii* Gamisans = *A. corsica* Briq.) — Pour la reconnaissance de ce genre, se référer à Taxon 41: 559, 1992. [End. Co d'orig. Oro-S-Europ.] *Cymbalarion hepaticifoliae* (mo SA AL) /H/ 2n = 38

Carduus cephalanthus Viv. — Une localité en Algérie. [End. Co-Sa-Archipel toscan-Italie-Sicile d'orig. Sténoméd.] *Brometalia rubenti-tectorum* (li TM ME SM) /H/T/ 2n = 22

Carduus fasciculiflorus Viv. — Voir Bosc & al., N3: 356. Treize localités répertoriées. [End. Co-Sa-Monte Cristo d'orig. Sténoméd.] *Thymelaeo-Helichrysetum, Brometalia rubenti-tectorum* (li TM ME) /H/T/ 2n = 22

Carduus sardous DC. — Voir Bosc & Deschâtres, N6: 282. Taxon proche de *C. tenuiflorus*. [End. Co-Sa-Archipel Toscan d'orig. Atlant.] *Silybo-Urticion, Brometalia rubenti-tectorum* (li TM ME) /H/T/

Carlina macrocephala Moris subsp. **macrocephala** — Serait aussi présent dans l'Apennin septentrional (Pignatti & al. in Pignatti, *Fl. d'Italia* 3: 217, 1982). [End. Co-Sa-Italie d'orig. Paléotemp.] *Carlinetea macrocephalae* (sm MO or) /H/ 2n = 20

Doronicum corsicum (Loisel.) Poiret — [End. Co d'orig. Oro-S-Europ.] *Doronicion corsici* (ri2 RI3 SA) /H/G/ 2n = 60

* **Erigeron paolii** Gamisans (= *E. uniflorus* auct. cors. non L.) — Voir Gamisans (*Candollea* 32: 66, 1977). [End. Co d'orig. Boréal] *Acino-Leucanthemopsidetum* (AL) /H/ 2n = 18 R

Eupatorium cannabinum L. subsp. **corsicum** (Loisel.) P. Fourn. — Le var. *corsicum* est caractérisé par des feuilles indivises. Les formes à feuilles divisées, (souvent en mélange avec les formes à feuilles indivises) sont distinguées sous le nom de var. *soleirolii* (Loisel) Rouy et sont très proches du subsp. *cannabinum*. [End. Co-Sa-Italie méridionale, Cévennes d'orig. Paléotemp.] *Hyperico-Alnetum (= Eupatorio-Alnetum)* (RI1 RI2 ri3) /H/

* **Evax rotundata** Moris — Voir Deschâtres & al., N2: 49. Une quinzaine de localités connues. [End. Co-Sa d'orig. Sténoméd.] *Catapodio-Evacetum* (LI) /T/ 2n = 26 LOC

Helichrysum frigidum (Labill.) Willd. — [End. Co-Sa d'orig. Méd-Mont.] *Festuco-Phyteumetum serrati* (MO OR SA AL) /Ch/ 2n = 28

HIERACIUM SUBGEN. HIERACIUM

Hieracium bernardii Rouy (*H. amplexicaule/ racemosum*) — C9: 407. [End. Co d'orig. Euras.] (sm mo) /H/ R

Hieracium laurinum Arvet-Touvet (*H. umbellatum/sabaudum*) subsp. **lactescens** (Rouy) Zahn — C4: 84. [End. Co d'orig. Euras.] (me sm) /H/ RR

Hieracium leiopogon Gren. (*H. praecox/pictum*) subsp. **chabertianum** (Arvet-Touvet) Zahn — C4: 85. [End. Co d'orig. Euras.] (or sa) /H/ RR

Hieracium murorum L. subsp. **tenuiflorum** (Arvet-Touvet) Zahn — C4: 85. [End. Co-Alpes d'orig. Oro-S-Europ.] (sm mo) /H/ R

Hieracium pallidum Biv

- subsp. **floccosum** Zahn — C4: 85, N4: 381. [End. Co d'orig. Euras.] (mo sa al) /H/ RR
- subsp. **rupicolifolium** Zahn — C9: 407, N4: 381. [End. Co d'orig. Euras.] (mo sa) /H/

Hieracium praecox Schultz Bip. (*H. pallidum/morurum*)

- subsp. **dasyadenium** Zahn — C4: 86, N3: 359. [End. Co d'orig. Euras.] (me sm MO sa) /H/
- subsp. **runcinatilobatum** Zahn — C4: 88, N4: 381. [End. Co d'orig. Euras.] (sm mo sa) /H/ RR

Hieracium racemosum Waldst. & Kit.

- subsp. **pyramoides** Zahn — C4: 89, N4: 382. [End. Co d'orig. Euras.] (me sm mo) /H/ RR
- subsp. **restonicanum** Zahn — C4: 89, N4: 382. [End. Co d'orig. Euras.] (sm mo sa) /H/ RR
- subsp. **vizzavonae** Zahn — N3: 359. [End. Co d'orig. Euras.] (ri1 sm MO) /H/ R

Hieracium saxifragum Fries (*H. lachenalii/pallidum*) subsp. **venustum** (Arvet-Touvet) Zahn — [End. Co d'orig. Atlant.] (mo) /H/ RR

Hieracium symphytaceum Arvet-Touvet (*H. prenanthoides/racemosum*)

- subsp. **pseudorotgesianum** Zahn — C4: 90, N4: 382, N7: 197. [End. Co d'orig. Euras.] (sm MO) /H/ R
- subsp. **rotgesianum** (Arvet-Touvet & Gautier) Zahn — [End. Co d'orig. Euras.] (ri2 mo) /H/ RR

Hieracium umbrosum Jordan (*H. murorum/prenanthoides*) subsp. **corsicolum** Zahn — C4: 90, N4: 382. [End. Co d'orig. Euras.] (sm MO) /H/ R

Hieracium wiesbaurianum Uechtr. (*H. pallidum/bifidum*)

- subsp. **ayliesii** Zahn — N4: 383. [End. Co d'orig. Atlant.] (sm mo) /H/ RR
- subsp. **jacquiniforme** Litard. & Zahn — [End. Co d'orig. Atlant.] (sm) /H/ RR
- subsp. **terrei** de Retz — [End. Co d'orig. Atlant.] (mo) /H/ RR
- subsp. **uazzanum** Zahn — [End. Co d'orig. Atlant.] (mo) /H/ R

HIERACIUM SUBGEN. PILOSELLA

Hieracium adriaticum Naegeli (*H. pilosella/piloselloides, H. florentioides* Arvet-Touvet)

- subsp. **aitonense** Zahn — C4: 91, N3: 358, N4: 381. [End. Co d'orig. Euras.] (me SM mo) /H/ R
- subsp. **caricinoides** Zahn — C4: 92. [End. Co d'orig. Euras.] (ri2 sm) /H/ RR

Hieracium fulvisetum Bertol. (*H. piloselloides/pseudopilosella*) subsp. **pseudotyppinum** Zahn — C4: 92, N4: 381, N7: 195. [End. Co d'orig. Euras.] (me sm mo) /H/ RR

Hieracium litardiereanum Zahn (*H. cymosum/piloselloides/pseudopilosella*) — C4: 93, N4: 381, Dardaine, Monde Pl. 438: 19, 1990. [End. Co d'orig. Euras.] (me SM mo) /H/ R

Hieracium piloselloides Vill. subsp. **tavignanum** Zahn — Voir Litardière, *Candollea* 11: 227, 1948, C4: 94, N7: 196. [End. Co d'orig. Euras.] (me sm mo) /H/ R

Hieracium pseudopilosellinum Zahn

- subsp. **pseudopilosellinum** — C4: 95, N4: 382. [End. Co d'orig. Euras.] (sm mo) /H/ RR
- subsp. **sciandolajae** Zahn — [End. Co d'orig. Euras.] (sm) /H/ RR

Hieracium schultesii F. W. Schultz subsp. **soleirolianum** (Arvet-Touvet & Briq.) Zahn (= *H. sardoum* (Belli) Pignatti ≡ *H. serpyllifolium* Fries var. *sardoum* Belli) — C4: 95, C9: 408, N4: 382. [End. Co-Sa d'orig. Euras.] (sm MO sa al) /H/

Hieracium zizianum Tausch subsp. **sardonium** Zahn (*H. cymosum/piloselloides*) — C4: 95, C9: 408, N4: 383. [End. Co-Sa-Abruzzes d'orig. Euras.] (ME sm mo) /H/

Hypochoeris robertia Fiori (= *Robertia taraxacoides* (Loisel) DC.) — [End. Co-Sa-Sicile-Italie-Afrique du Nord d'orig Méd-Mont.] *Tuberarion, Carlinetea macrocephalae, Saginetea piliferae*... (me SM MO OR SA AL) /H/ 2n = 8

* **Leucanthemopsis alpina** (L.) Heywood subsp. **tomentosa** (Loisel) Heywood (≡ *Chrysanthemum tomentosum* Loisel) — [End. Co d'orig. Oro-S-Europ.] *Acino-Leucanthemopsidetum* (or sa AL) /H/ 2n = 18 LOC

* **Leucanthemum corsicum** (Less.) DC. subsp. **corsicum** — [End. Co d'orig. Oro-S-Europ.] *Festuco-Phyteumetum serrati, Geo-Phleetum, Huperzio-Caricetum, Paronychio-Armerietum* (mo OR sa) /H/

* **Leucanthemum corsicum** subsp. **fenzlii** Gamisans — Voir Gamisans, *Candollea* 27: 194, 1972 et Deschâtres, N4: 383. [End. Co d'orig. Oro-S-Europ.] *Festuco-Phyteumetum* (ri1 or sa) /H/ 2n = 36 R

* **Nananthea perpusilla** (Loisel) DC. — Voir Guyot, N3: 360, N4: 383. Cet endémique, apparenté à des genres australiens ou sud-africains, est toujours situé sur des îlots ou des caps faisant face à ces îlots. [End. Co-Sa d'orig. Sténoméd.] *Saginetea maritimae ?* (li tm) /H/T/ 2n = 18 LOC

Plagius flosculosus (L.) Alavi & Heywood (≡ *Leucanthemum flosculosum* (L.) P. Giraud = *Plagius ageratifolius* (Desf.) DC.) — Voir Litardière, *Candollea* 14: 154, 1953 et Conrad, Monde Pl. 361: 4, 1968. [End. Co-Sa d'orig. Sténoméd.] *Molinio-Juncetea, Juncetea maritimi* (li RI1 tm ME) /H/ 2n = 18

Ptilostemon casabonae (L.) Greuter (≡ *Chamaepeuce casabonae* (L.) DC.) — C27: 563. [End. Co-Sa-Elbe-Iles d'Hyères d'orig. Sténoméd.] *Cistion, Brometalia rubenti-tectorum* (ME sm) /H/ 2n = 32

Santolina corsica Jordan & Fourr. — Ce taxon, endémique corso-sarde selon Arrigoni (in Pignatti, *Fl. d'Italia* 3: 65, 1982), semble en fait assez proche du *S. insularis* (Fiori) Arrigoni (endémique sarde) et ce dernier devrait être inféodé au premier. [End. Co-Sa d'orig. Sténoméd.] *Teucrion mari, Carlinetea macrocephalae* (ME SM mo) /NP/ 2n = 36

* **Senecio rosinae** Gamisans — Voir Gamisans, Candollea 32: 70, 1977. [End. Co d'orig. Sténoméd.] *Valeriano-Abietetum, Saginetea piliferae* (sa) /H/ RR

* **Tanacetum audibertii** (Req.) DC. — N9: 545. [End. Co-Sa d'orig. Euras.] *Berberido-Genistetum, Paronychio-Armerietum genistetosum* (sm mo or) /H/Ch/ 2n = 18 LOC

Taraxacum atrosquamatum Van Soest — Signalé à Santa Maria di Lota. [End. Co d'orig. Atlant.] (me) /H/ RR

Taraxacum castaneum Van Soest — Signalé à Viscuvatu. [End. Co d'orig. Euras.] (me) /H/ RR

Taraxacum corsicum Van Soest — Signalé en 2 localités sur le massif du Rinosu, voir Van Soest, *Act. Bot. Neerl.* 8: 107, 1959. [End. Co d'orig. Oro-Europ.] (sa) /H/ RR

Taraxacum cucullatiforme Van Soest — Signalé en 4 localités dans les massifs de Rinosu, Ritondu et Incùdine (voir aussi Van Soest, *Act. Bot. Neerl.* 8: 123, 1959). [End. Co d'orig. Oro-Europ.] (sa) /H/ RR

Taraxacum gamisansii Van Soest — Signalé en 3 localités du Ritondu et Rinosu. [End. Co d'orig. Méd-Mont.] (al) /H/ RR

Taraxacum litardierei Van Soest — Proche de *T. pacheri* Schultz Bip. Signalé en une douzaine de localités dans les massifs de Cintu, Ritondu, Rinosu et Incùdine. [End. Co-Alpes Maritimes d'orig. Oro-Europ.] (sa AL) /H/

Taraxacum marchionii Van Soest — Signalé entre Viscuvatu et Venzulasca. Selon Van Soest (l.c.) les représentants de cette section sont rares en Corse, mais cet auteur a pu observer quelques *exsiccata* de ce groupe provenant de 5 localités corses et non identifiables au niveau spécifique. [End. Co d'orig. Eurosib.] (me) /H/ RR

Taraxacum pseudocastaneum Van Soest — Voir Van Soest, *Proc. Kon. Ned. Akad. Wetensch.*, ser. C 69: 447, 1966. [End. Co-Alpes d'orig. Euras.] (sm) /H/ RR

Taraxacum purpureocornutum Van Soest — Signalé « entre Piano et le col Saint-Antoine ». [End. Co d'orig. Euras.] (sm) /H/ RR

Taraxacum renosense Van Soest — Signalé en 7 localités dans les massifs de Cintu, Ritondu, Rinosu, Incùdine et Bavella. [End. Co d'orig. Oro-Europ.] (SA al) /H/ R

Taraxacum roseocarpum Van Soest — Signalé en 2 localités près du Monte Sant'Anghjuli (Casinca-Castagniccia). [End. Co-Alpes d'orig. Oro-Europ.] (sm) /H/ RR

Taraxacum squamulosum Van Soest — Signalé en 3 localités (Barchetta, Petralba et massif de l'Incùdine). [End. Co d'orig. Euras.] (ri1 sa) /H/ RR

BERBERIDACEAE

Berberis aetnensis C. Presl (≡ *B. vulgaris* L. subsp. *aetnensis* (C. Presl) Rouy & Fouc.) — [End. Co-Sa-Italie-Sicile d'orig. Paléotemp.] *Berberido-Genistetum, Paronychio-Armerietum Genistetosum* (MO OR) /NP/ 2n = 28

BETULACEAE

Alnus alnobetula (Ehrh.) C. Koch subsp. **suaveolens** (Req.) Lambinon & Kerguélen (≡ *A. viridis* (Chaix) DC. subsp. *suaveolens* (Req.) P. W. Ball, incl. var. *foucaudii* Briq.) — N3: 405. [End. Co d'orig. Boréal] *Alnetum suaveolentis, Doronicion corsici* (ri2 ri3 SA) /P/ 2n = 28

Alnus cordata (Loisel.) Duby — En Corse le var. *cordata*. Pour la nomenclature, voir Kerguélen, Lejeunia n. ser. 120: 41, 1981. [End. Co-Calabre d'orig. Paléotemp.] *Hyperico-Alnetum, Athyrio-Gentianetum* (ri1 RI2 RI3 me SM mo) /P/ 2n = (28)42

BORAGINACEAE

* **Anchusa crispa** Viv. — Voir Thiébaud, C5 et Conrad & al., N4: 385. [End. Co-Sa d'orig. Sténoméd.]

Cakiletea maritimae, Brometalia rubenti-tectorum (li) /H/T/ 2n = 16 R

Borago pygmaea (DC.) Chater & Greuter (= *B. laxiflora* (DC.) Fischer) — [End. Co-Sa-Capraia d'orig. Euryméd.] *Hyperico-Alnetum, Molinio-Juncetea* (RI1 RI2 ri3) /H/ 2n = 32

* **Cerinthe glabra** Miller subsp. **tenuiflora** (Bertol.) Domac — [End. Co d'orig. Oro-S-Europ.] *Hyperico-Alnetum, Athyrio-Gentianetum, Carlinetea macrocephalae* (me SM MO) /H/ 2n = 16

Heliotropium suaveolens MB. subsp. **bocconei** (Guss.) Brummitt (≡ *H. bocconei* Guss.) — Signalé en Corse par Reichenbach (*Fl. Germ.* Excurs. 2: 347, 1831), ce taxon n'y a, en fait, jamais été observé depuis. [End. Co?-Calabre-Sicile d'orig. Cosmop.] /T/ D?

* **Myosotis corsicana** (Fiori) Grau subsp. **corsicana** (≡*M. alpestris* F. W. Schmidt subsp. *pyrenaica* (Pourret) P. Fourn. var. *corsicana* Fiori) — [End. Co d'orig. Oro-S-Europ.] *Acino-Leucanthemopsidetum* (sa AL) /H/ 2n = 24

* **Myosotis soleirolii** Godron (≡ *M. sylvatica* Hoffm. subsp. *soleirolii* (Godron) P. Fourn.) — Présent aussi en Sardaigne (Arrigoni, *Boll. Soc. Sarda Sci. Nat.* 17: 187-191, 1978). [End. Co-Sa d'orig. Paléotemp.] *Hyperico-Myosotietum, Doronicion corsici* (ri2 RI3 sm MO sa) /H/ 2n = 18

BRASSICACEAE (CRUCIFERAE)

Alyssum robertianum Bernard & al. — En Sardaigne, cette espèce est remplacée par *Alyssum tavolarae* Briq. (Voir Arrigoni, *Boll. Soc. Sarda Sci. Nat.* 22: 297, 1983). [End. Co d'orig. Méd-Mont.] *Genisto-Alyssetum robertiani* (SM) /Ch/ 2n = 16 LOC

Arabidopsis thaliana (L.) Heynh. var. **burnatii** (Briq.) Briq. — N4: 386. [End. Co? d'orig. Paléotemp.] *Rumicion alpini, Caricion caryophylleae* (MO sa) /T/

Barbarea rupicola Moris — [End. Co-Sa d'orig. Méd-Mont.] *Potentillion crassinerviae, Doronicion corsici, Caricion microcarpae* (li me SM MO sa) /H/Ch/ 2n = 16

Biscutella morisiana Raffaeli (= *B. columnae* sensu Moris) — Nouvelle espèce décrite de Sardaigne et qui serait présente en Corse (Raffaelli, Webbia 45: 26-29, 1991), mais aucune précision de localité n'est donnée. [End. Co-Sa d'orig. Méd-Tour] (?) /T/ ?

* **Biscutella rotgesii** Fouc. (≡ *B. laevigata* L. var. *rotgesii* (Fouc.) Briq.) — Voir Deschâtres, N2: 54. [End. Co d'orig. Oro-Europ.] *groupement à Notholaena marantae* (me) /H/ 2n = 18 RR

* **Brassica insularis** Moris — N7: 198. Pour cette espèce, 6 variétés ont été décrites dont 4 présentes en Corse : var. *insularis*, var. *ayliesii* Litard. & Simon, var. *angustifolia* Widler & Bocquet et var. *aquellae* Widler & Bocquet. Voir Widler & Bocquet, *Candollea* 34: 133-151, 1979, et Verlaque & al., C27: 565. [End. Co-Sa-Pantelleria-Afrique du Nord d'orig. Sténoméd.] *Ruto-Brassicetum* (ME) /Ch/ 2n = 18, 27 R

* **Cardamine chelidonia** L. — Contrairement à l'indication de Jones (*Fl. Europaea* 1: 289, 1964), corrigée d'ailleurs dans la nouvelle édition par Akeroyd (*Fl. Europaea* (éd. 2) 1: 351, 1993), cette espèce n'est pas éteinte en Corse; voir Gamisans (*Candollea* 25: 126, 1970, *Candollea* 28: 63, 1973) et N3: 364, C27: 567. [End. Co-Italie-Sicile-Croatie. d'orig. Euras.] *Cardamino-Buxetum, Asperulo-Taxetum, Hyperico-Alnetum* (ri2 me sm) /H/ 2n = 64 R

Coincya monensis (L.) Greuter & Burdet subsp. **recurvata** (All.) Leadlay (= *C. cheiranthos* (Vill.) Greuter & Burdet subsp. *rectangularis* (Viv.) Greuter & Burdet = *Rhynchosinapis cheiranthos* (Vill.) Dandy subsp. *cheiranthos* var. *petrosa* (Jordan) Heywood = *Brassica monensis* sensu Briq. non al.) — Les caractères distinctifs des populations cyrno-sardes sont, à vrai-dire, très inconstants. Ne serait pas endémique, voir Kerguélen & Lamb., *Comm. Fl. Europaea.* Pour la taxonomie du genre et la nomenclature voir Leadlay & Heywood, *Bot. J. Linn. Soc.* 102: 313-398, 1990. [End. Co-Sa d'orig. Oro-Europ.] *Arrhenatherion sardoi, Festuco-Phyteumetum* (sm MO OR SA al) /H/

* **Draba loiseleurii** Boiss. — [End. Co d'orig. Oro-Europ.] *Acino-Leucanthemopsidetum* (AL) /Ch/H/ 2n = 16 LOC

Hymenolobus procumbens (L.) Nutt. subsp. **revelierei** (Jordan) Greuter & Burdet (≡ *Hutchinsia revelieri* Jordan) — N3: 364. [End. Co-Sa-Malte-Sicile d'orig. Subcosmop.] *Crithmo-Limonietea* (li) /T/ RR

Lepidium hirtum (L.) Sm. subsp. **oxyotum** (DC.) Thell. — [End. Co-Crête d'orig. Méd-Mont.] *Caricion caryophylleae, Rumicion alpini* (me sm MO OR SA) /H/ 2n = 16

* **Morisia monanthos** (Viv.) Ascherson — [End. Co-Sa d'orig. Sténoméd.] *Junco-Morisietum (Isoetion)* (tm me SM) /H/ 2n = 14 LOC

Thlaspi brevistylum (DC.) Mutel (≡ *Noccaea brevistyla* (DC.) Steudel) — [End. Co-Sa d'orig. Méd-Mont.] *Doronico-Oxyrietum, Saginetea piliferae, Caricion caryophylleae* (sm MO OR SA AL) /H/ 2n = 14

CAMPANULACEAE

Phyteuma serratum Viv. — [End. Co d'orig. Oro-S-Europ.] *Festuco-Phyteumetum, Saginetea piliferae* (sm MO OR SA AL) /H/ 2n = 28

Solenopsis minuta (L.) C. Presl subsp. **corsica** Meikle (= *Laurentia minuta* auct. cors. = *L. tenella* auct. cors.) — Voir Meikle, *Kew Bull.* 34: 373-375, 1979. [End. Co-Sa d'orig. Sténoméd.] *Isoeto-Nanojuncetea, Danthonion, Caricion microcarpae, Helosciadetum* (me SM mo) /H/

CAPRIFOLIACEAE

Sambucus nigra L. var. **decussata** Gillot — Voir Gamisans, *Compl. Prodr. Fl. Corse*, Caprifoliaceae: 14, 1990. Il s'agit d'une forme probablement tératologique décrite de Corse. [End. Co d'orig. Europ-Cauc.] *Querco-Fagetea* (sm) /P/ RR

CARYOPHYLLACEAE

Arenaria balearica L. — [End. Co-Sa-Baléares-Montecristo d'orig. Médit-Mont.] *Cymbalarietum aequitrilobae*, faciés ombragés des *Asplenietea rupestria* (tm me SM MO) /H/ 2n = 18

Arenaria bertolonii Fiori (= *A. saxifraga* (Bertol.) Fenzl, nom. illeg.) — En Corse, trois formes peuvent être reconnues : *f. burnatii* (Briq.) Gamisans, *f. morisii* (Briq.) Gamisans, *f. salisii* (Briq.) Gamisans, voir Gamisans, *Candollea* 28: 60, 1973, et N5: 579. [End. Co-Sa-Apennins-?Sicile d'orig. Médit-Mont.] *Arenarion bertolonii* (SM mo or) /H/Ch/ R

Cerastium soleirolii Duby (= *C. stenopetalum* Fenzl = *C. thomasii* sensu Briq.) — [End. Co d'orig. Paléotemp.] *Carlinetea macrocephalae, Saginetea piliferae, Thlaspietea rotundifolii* (sm MO SA AL) /H/ 2n = 72

* **Dianthus furcatus** Balbis subsp. **gyspergerae** (Rouy) Briq. — Voir Conrad, N2: 56. [End. Co d'orig. Médit-Mont.] *Sedo-Dianthetum godroniani* (me) /H/ 2n = 30 RR

Dianthus sylvestris Wulfen subsp. **longicaulis** (Ten.) Greuter & Burdet var. **godronianus** (Jordan) Kerguélen (≡ *D. godronianus* Jordan ≡ *D. caryophyllus* L. subsp. *virgineus* (L.) Rouy & Fouc. var. *godronianus* (Jordan) Briq.) — Taxon faiblement individualisé présentant, en particulier à basse altitude, des formes de passage vers le subsp. *siculus*. [End. Co-Sa?-Provence d'orig. Médit-Mont.] *Asplenietea rupestria* (me SM MO OR SA al) /Ch/H/

* **Herniaria latifolia** Lapeyr. subsp. **litardierei** Gamisans — Voir Gamisans, *Candollea* 36: 6, 1981 et Lambinon, N8: 287. [End. Co-Sa d'orig. Médit-Mont.] *Paronychio-Armerietum, Saginetea piliferae, Carlinetea macrocephalae* (mo or al) /H/ RR

Petrorhagia saxifraga (L.) Link subsp. **gasparrinii** (Guss.) Greuter & Burdet (= *Tunica saxifraga* Scop. var. *bicolor* (Jordan & Fourr.) Williams) — [End. Co-Sa-Italie-Sicile d'orig. Euryméd.] *Tuberarion guttatae, Teucrion mari, Carlinetea macrocephalae* (tm me SM MO or) /H/

Sagina pilifera (DC.) Fenzl — [End. Co-Sa d'orig. Oro-S-Europ.] *Saginetea piliferae* (mo OR SA AL) /H/ 2n = 22

Sagina revelierei Jordan & Fourr. (≡ *S. subulata* subsp. *revelieri* (Jordan & Fourr.) Rouy & Fouc.) — [End. Co-Sa d'orig. Atlant.] *Isoetion, Danthonion, Bellidio-Bellion* (me SM MO OR SA al) /H/

Saponaria ocymoides L. subsp. **alsinoides** (Viv.) Arcangeli (= *S. ocymoides* var. *gracilior* Bertol.) — Voir Gamisans *Candollea* 32: 58, 1977. [End. Co-Sa d'orig. Oro-Europ.] *Anthyllion hermanniae* (SM MO or) /H/

Scleranthus burnatii Briq. (≡ *S. perennis* L. subsp. *burnatii* (Briq.) P. D. Sell) — Signalé aussi en Andalousie où il n'a pas été revu depuis les *exsiccata* distribués par Reverchon et Bourgeau (Voir Castroviejo & al. (eds), *Fl. Iber.* 2: 141, 1990). [End. Co-Espagne d'orig. Eurosib.] *Sesamoido-Bellardiochloion, Saginetea piliferae* (sm mo OR SA AL) /H/T/

Silene nodulosa Viv. (= *S. pauciflora* Otth) — [End. Co-Sa d'orig. Euryméd.] *Anthyllion hermanniae* (SM mo) /H/ 2n = 24

Silene requienii Otth — N2: 59. Arrigoni (in Greuter & Raus, *Willdenowia* 14: 48, 1984) indique l'absence de cette espèce en Sardaigne. [End. Co d'orig. Méd-Mont.] *Potentillion crassinerviae* (me sm MO OR SA al) /Ch/ 2n = 24

Silene sericea All. — [End. Co-Sa-Baléares-Ligurie d'orig. Sténoméd.] *Malcolmietalia, Helichryso-Crucianelletea* (LI) /T/

Silene succulenta Forsskål subsp. **corsica** (DC.) Nyman — N5: 581. [End. Co-Sa d'orig. Sténoméd.] *Helichryso-Crucianelletea, Malcolmietalia* (LI) /H/ 2n = 24

* **Silene velutina** Loisel (= *S. mollissima* sensu Briq., non (L.) Pers.) — Voir Lanza & Poggesi (*L'Universo*, Firenze 66/1: 39, 1986) et Jeanmonod, N8: 288. Plus de 15 localités répertoriées. [End. Co-Sa d'orig. Euryméd.] *Crithmo-Limonietea* (LI) /H/Ch/

Spergula arvensis L. subsp. **gracilis** (Petit) Briq. — Taxon proche du subsp. *chieusseana* et dont la valeur reste à confirmer. [End. Co d'orig. Sténoméd.] *Malcolmietalia, Helichryso-Crucianelletea* (li) /T/ RR

* **Spergularia macrorhiza** (Loisel) Heynh. — Voir Paradis & al., N7: 199. [End. Co-Sa d'orig. Cosmop.] *Spergularion macrorhizae* (LI) /H/Ch/ 2n = 36, 54

CONVOLVULACEAE

Cuscuta epithymum (L.) L. subsp. **corsicana** (Yuncker) Lambinon — Voir Lambinon, *Soc. Echange Pl. Vasc. Eur. Bassin Médit.* 24: 63, 1993. [End. Co d'orig. Euras.] *Carlinetea macrocephalae, Paronychio-Armerietum* (MO or) /T/

CRASSULACEAE

Sedum brevifolium DC. — [End. Co-Sa-Cévennes-Péninsule Ibérique d'orig. Oro-Europ.] *Potentillion crassinerviae* (tm me SM MO OR SA al) /Ch/ 2n = 36

Sedum monregalense Balbis — N5: 589. [End. Co-Alpes-Apennins d'orig. Oro-Europ.] *Potentillion crassinerviae, Carlinetea macrocephalae, Saginetea piliferae* (sm MO OR SA) /Ch/

CUCURBITACEAE

Bryonia marmorata Petit (= *B. dioica* Jacq. subsp. *angulosa* (Mabille) Contandr.) — N5: 589. [End. Co-Sa d'orig. Euryméd.] *Quercetea ilicis, Querco-Fagetea* (li TM ME sm) /H/G/ 2n = 40

DIPSACACEAE

Cephalaria squamiflora (Sieber) Greuter subsp. **mediterranea** (Viv.) Pignatti — Autrefois présent dans la région de Bunifaziu, mais non observé depuis 1921. [End. Co-Sa d'orig. Sténoméd.] (tm) /Ch/ D?

Scabiosa corsica (Litard.) Gamisans (≡ *S. columbaria* var. *corsica* Litard.) — [End. Co d'orig. Euras.] *Festuco-Phyteumetum serrati* (mo SA al) /H/ 2n = 16

EUPHORBIACEAE

* **Euphorbia corsica** Req. — N3: 371. [End. Co d'orig. Euras.] *Berberido-Genistetum, Paronychio-Armerietum genistetosum*, nardaies (mo or sa) /Ch/ LOC

Euphorbia gayi Salis — [End. Co-Espagne d'orig. Euryméd.] *Teucrion mari, Carlinetea macrocephalae, Galio-Pinetum laricionis* (me SM MO) /G/

Euphorbia hyberna L. subsp. **insularis** (Boiss.) Briq. — [End. Co-Sa-Italie du Nord, d'orig. Euras.] *Epilobion angustifolii, Rumicion alpini* (sm MO SA) /H/G/ 2n = 36

* **Euphorbia pithyusa** L. subsp. **cupanii** (Bertol.) A. R. Sm. (≡ *E. cupanii* Bertol.) — N3: 371. [End. Co-Sa-Sicile d'orig. Sténoméd.] *Helichryso-Cistetum* (me) /Ch/ 2n = 36 LOC

Euphorbia semiperfoliata Viv. — [End. Co-Sa d'orig. Euras.] *Populetalia albae, Cistion, Carlinetea macrocephalae, Epilobion angustifolii* (ri1 me SM MO) /H/

Mercurialis corsica Cosson — [End. Co-Sa d'orig. Sténoméd.] *Parietarietalia, Cistion, Helichryso-Genistetum* (tm ME SM) /Ch/ 2n = 64

FABACEAE

Astragalus genargenteus Moris (≡ *A. sirinicus* Ten. subsp. *genargenteus* (Moris) Arcangeli — [End. Co-Sa d'orig. Médit.-Mont.] *Carlinetea macrocephalae, Paronychio-Armerietum Genistetosum* (sm MO OR) /Ch/NP/ 2n = 16

Genista corsica (Loisel) DC. — N3: 372. [End. Co-Sa d'orig. Méd-Mont.] *Teucrion mari, Helichryso-Genistetum* (li tm ME SM) /NP/Ch/ 2n = 48

Genista salzmannii DC. var. **salzmannii** (≡ *G. lobelii* var. *salzmannii* (DC.) Spach) — Voir Gamisans (*Candollea* 28: 68, 1973). [End. Co-Sa-Elbe-Italie du Nord d'orig. Méd-Mont.] *Teucrion mari, Helichryso-Genistetum* (tm me SM) /NP/Ch/ 2n = 18

Genista salzmannii var. **lobelioides** (Gamisans) Gamisans & Jeanmonod (≡ *G. lobelii* DC. var. *lobelioides* Gamisans) — Voir Gamisans (*Candollea* 28: 68, 1973). [End. Co d'orig. Méd-Mont.] *Berberido-Genistetum, Paronychio-Armerietum genistetosum* (sm MO OR) /Ch/NP/

Lotus cytisoides L. subsp. **conradiae** Gamisans (= *L. creticus* subsp. *creticus* sensu Briq. non L.) — Voir Gamisans (*Bull. Soc. Sci. Hist. Nat. Corse* 661: 297, 1992). [End. Co-Sa d'orig. Sténoméd.] *Plantagino-Loletum conradiae, Ammophiletea, Helichryso-Crucianelletea* (LI) /Ch/H/

GENTIANACEAE

Centaurium erythraea Rafn subsp. **rhodense** (Boiss. & Reuter) Melderis var. **sanguineum** (Mabille) Gamisans (≡ *C. minus* Moench var. *sanguineum* (Mabille) Litard. ≡ *Erythraea sanguinea* Mabille) — Le var. *sanguineum*, tétraploïde, est probablement endémique cyrno-sarde ; voir Zeltner, *Bull. Soc. Neuch. Sci. Nat.* 93: 108, 1970. [End. Co-Sa d'orig. Euras.] *Tuberarietea, Molinio-Juncetea* (tm me sm) /T/H/ RR

GERANIACEAE

Erodium corsicum Léman — N5: 599. [End. Co-Sa d'orig. Sténoméd.] *Crithmo-Limonietea, Erodenion corsici* (LI tm) /Ch/ 2n = 20

HYPERICACEAE

Hypericum corsicum Godron (≡ *H. quadrangulum* L. subsp. *corsicum* (Godron) Gamisans ≡ *H. acutum* subsp. *corsicum* (Godron) Rouy & Fouc.) — [End. Co d'orig. Euras.] *Hyperico-Myosotietum soleirolii, Doronicion corsici* (RI3 MO SA) /H/

LAMIACEAE

Acinos corsicus (Pers.) Getliffe (≡*Satureja corsica* (Pers.) Caruel) — [End. Co d'orig. Oro-Europ.] *Acino-Leucanthemopsidetum, Saginetea piliferae* (or AL) /Ch/

Lamium garganicum L. subsp. **corsicum** (Godron) Mennema (≡ *L. corsicum* Godron) — [End. Co-Sa d'orig. Méd-Mont.] *Carlinetea macrocephalae, Rumicion alpini* (mo OR al) /H/ 2n = 18

Mentha requienii Bentham var. **requienii** — [End. Co-Sa-Montecristo d'orig. circumboréale] *Danthonion, Bellidio-Bellion nivali* (me SM MO sa) /H/ 2n = 18

Mentha requienii var. **obovata** (Gandoger) Litard. — C27: 570. [End. Co d'orig. circumboréale] *Danthonion* (ri3) /H/ 2n = 18 RR

Mentha suaveolens Ehrh. subsp. **insularis** (Req.) Greuter (≡ *M. rotundifolia* subsp. *insularis* (Req.) Arcangeli) — [End. Co-Sa-Capraia-Minorque-Sicile d'orig. Euryméd.] *Hyperico-Alnetum, Danthonion* (RI1 RI2 ME SM) /H/

Micromeria filiformis (Aiton) Bentham subsp. **minutiflora** (L. Chodat) Kerguélen (≡ *Satureja cordata* Moris subsp. *minutiflora* (L. Chodat) Greuter & Burdet) — Ce taxon a été séparé du subsp. *filiformis* (endémique des Baléares) et du subsp. *cordata* (endémique de Sardaigne), voir Greuter, *Willdenowia* 14: 303, 1984. [End. Co d'orig. Sténoméd.] *Asplenietea rupestria* (tm ME) /Ch/ LOC

Nepeta agrestis Loisel — [End. Co d'orig. Méd-Mont.] *Carlinetea macrocephalae, Rumicion alpini* (ri2 ri3 sm MO or sa) /H/ 2n = 18

Stachys corsica Pers. — C27: 571. [End. Co-Sa d'orig. Méd-Mont.] tous milieux ouverts (me SM MO OR SA AL) /H/ 2n = 18

Stachys glutinosa L. — [End. Co-Sa-Capraia d'orig. Sténoméd.]

Teucrion mari (TM ME sm mo) /Ch/ 2n = 32

* **Teucrium marum** L. — [End. Co-Baléares-Capraia-Monte-Cristo-îles-d'Hyères-Murter (Croatie) d'orig. Sténoméd.] *Teucrion mari, Carlinetea macrocephalae* (TM ME SM mo) /Ch/NP/

Thymus herba-barona Loisel. var. **herba-barona** — Observé récemment à Mallorca (Mayol & Rosselló, *Anales Jard. Bot. Madrid* 47: 516, 1990). [End. Co-Sa-Baléares d'orig. Méd-Mont.] *Thymo-Genistetum, Carlinetea macrocephalae, Paronychio-Armerietum* (sm MO OR) /Ch/ 2n = 56 (2n = 84 en Sa ; 2n = 28 à Mallorca)

Thymus herba-barona var. **mabilleanus** Ronniger — [End. Co-Sa d'orig. Méd-Mont.] *Carlinetea macrocephalae* (sm MO) /Ch/

LENTIBULARIACEAE

Pinguicula corsica Bernard & Gren. — N7: 205. [End. Co d'orig. Oro-Europ.] *Bellidio-Bellion nivali, Doronicion corsici* (RI3 mo SA al) /H/ 2n = 16

MALVACEAE

Malva alcea L. var. **ribifolia** (Viv.) Paol. — N1: 44. [End. Co d'orig. Euras.] *Brometalia rubenti-tectorum* (ME sm mo) /H/

OLEACEAE

Fraxinus ornus L. var. **argentea** (Loisel.) Gren. — Taxon paraissant de bien faible valeur. [End. Co-Sa d'orig. Euras.] *Quercetea ilicis, Querco-Fagetea* (me sm mo) /P/ R

OROBANCHACEAE

Orobanche rapum-genistae Thuill. subsp. **rigens** (Loisel) P. Fourn. — Sur Genista. [End. Co-Sa-Sicile d'orig. Atlant.] *Teucrion mari, Carlinetea macrocephalae* (me sm) /T/ R

Orobanche salisii Reuter — Sur *Coleostephus myconis*. Taxon tantôt considéré comme subsp. de *O. minor* (Rouy, Fl. France 11: 189, 1909) tantôt inclus dans *O. hederae* Duby (*Fl. Europaea* 3: 292, 1972). Voir Conrad (*Bull. Soc. Bot. France* 121, Sess. Extr.: 120, 1975 "1974"). [End. Co d'orig. Euryméd.] *Stellarietea mediae* (me) /T/ RR

PAEONIACEAE

* **Paeonia mascula** (L.) Miller subsp. **russoi** (Biv.) Cullen & Heywood var. **corsica** (Tausch) Gürke (= *P. corallina* var. *leiocarpa* Cosson = ? *P. mascula* subsp. *coriacea* (Boiss.) Malagarriga) — N2: 73. [End. Co-Sa d'orig. Méd-Mont.] *Cistion, Helichryso-Genistetum,* forêts claires (me SM) /G/ 2n = 20 R

PLANTAGINACEAE

Plantago sarda C. Presl var. **sarda** (= *P. capitellata* DC. = *P. subulata* L. subsp. *insularis* (Godron) Nyman) — [End. Co-Sa d'orig. Méd-Mont.] *Saginetea piliferae* (mo OR SA AL) /Ch/ 2n = 24

Plantago sarda var. **alpinoides** Gamisans — [End. Co d'orig. Méd-Mont.] *Sedo-Phleion* (SA al) /Ch/ 2n = 24

PLUMBAGINACEAE

Armeria leucocephala Koch var. **leucocephala** (incl. subsp. *brevia-ristata* Arrigoni) — N3: 381, C19. [End. Co d'orig. Méd-Mont.] *Potentillion crassinerviae, Asplenietea rupestria* (me SM MO OR SA AL) /Ch/ 2n = 18

Armeria leucocephala var. **pubescens** (Mutel) G. H. M. Lawrence (≡ *A. leucocephala* subsp. *pubescens* (Mutel) Arrigoni) — Voir C19. [End. Co d'orig. Méd-Mont.] *Asplenietea rupestria* (SM) /Ch/

Armeria multiceps Wallr. subsp. **multiceps** — [End. Co d'orig. Méd-Mont.] *Paronychio-Armerietum multicepitis, Saginetea piliferae* (OR SA AL) /Ch/ 2n = 18

Armeria multiceps subsp. **meridionalis** Arrigoni — Taxon de valeur douteuse. [End. Co d'orig. Méd-Mont.] *Paronychio-Armerietum* (MO) /Ch/

* **Armeria pungens** (Link) Hoffmanns. & Link (= *A. fasciculata* (Vent.) Willd.) — N2: 74. [End. Co-Sa- Sud-ouest de la péninsule ibérique d'orig. Sténoméd.] *Crucianello-Armerietum pungentis, Helichryso-Crucianelletea* (LI) /Ch/

* **Armeria soleirolii** (Duby) Godron — Voir Conrad, Monde Pl. 381: 4. 1975, Lambinon, *Soc. Echanges Pl. Vasc. Eur. Bassin Méd.* 19: 106-107, 1984. Observations et récoltes récentes entre Portu et Galeria (Conrad, Gamisans, Muracciole). [End. Co d'orig. Sténoméd.] *Armerio-Seseletum praecoci, Crithmo-Limonietea* (li tm me) /Ch/ 2n = 18 LOC

Limonium articulatum (Loisel.) O. Kuntze — [End. Co d'orig. Sténoméd.] *Crithmo-Limonietum articulati* (LI) /Ch/ 2n = 18

Limonium bonifaciense Arrigoni & Diana (= *L. acutifolium* var. *eu-acutifolium* R. Lit.) — Espèce du gr. *acutifolium*. [End. Co d'orig. Sténoméd.] *Crithmo-Limonietum obtusifolii* (li) /Ch/ 2n = 18, 27, 36 RR

Limonium contortirameum (Mabille) Erben (= *L. articulatum* var. *divergens* (Reichenb.) Litard. = *L. dolcheri* Pignatti) — Espèce du gr. *articulatum*. [End. Co-Sa-Capraia d'orig. Sténoméd.] *Crithmo-Limonietum articulati* (LI) /Ch/ 2n = 27

Limonium corsicum Erben — Espèce du gr. *articulatum*. [End. Co d'orig. Sténoméd.] *Crithmo-Limonietum articulati* (LI) /Ch/ 2n = 27 R

Limonium dubium (Guss.) R. Lit. (= *L. pignatti* Brullo & Di Martino = *L. virgatum* var. *majus* (Guss.) Pignatti) — Espèce du gr. *virgatum*. [End. Co-Sa-Sicile] *Plantaginion crassifoliae, Juncetea maritimi* (LI) /Ch/ 2n = 27

Limonium florentinum Arrigoni & Diana — Espèce du gr. *articulatum*. [End. Co d'orig. Sténoméd.] *Crithmo-Limonietum articulati* (li) /Ch/ 2n = 27 RR

Limonium fontqueri (Pau) Llorens — Signalé sur calcaire dans le golfe de Sant'Amanza (à "Rocca Bianca" où Reverchon l'a récolté en 1880 et distribué sous le nom de *Statice articulata*) par Llorens

(*Folia Bot. Misc.* 4: 56, 1984). Le statut de cette espèce n'est pas clair, voir Arrigoni & Diana. [End. Co-Baléares d'orig. Sténoméd.] (li?) /Ch/ ?

Limonium obtusifolium (Rouy) Erben (≡ *L. acutifolium* var. *obtusifolium* (Rouy) Salmon = *L. minutum* (L.) Chaz. var. *dissitiflorum* auct. cors. p.p.) — Espèce du gr. *acutifolium*. Très répandu depuis le golfe de Sant'Amanza jusqu'autour de Bunifaziu (calcicole). [End. Co d'orig. Sténoméd.] *Crithmo-Limonietum obtusifolii* (LI) /Ch/ 2n = 18 LOC

Limonium patrimoniense Arrigoni & Diana — Espèce du gr. *densiflorum*, localisée au Cap Patrimoniu, au nord de San Fiurenzu. [End. Co d'orig. Sténoméd.] *Arthrocnemetea, Crithmo-Limonietea* (li) /Ch/ 2n = 36 RR

* **Limonium strictissimum** (Salzm.) Arrigoni (= *L. dictyocladum* auct. cors.) — Espèce du gr. *articulatum*. [End. Co-Sa d'orig. Sténoméd.] *Crithmo-Limonietum articulati* (li) /Ch/ 2n = 27 LOC

Limonium tarcoënse Arrigoni & Diana — Espèce du gr. *articulatum*. [End. Co d'orig. Sténoméd.] *Crithmo-Limonietum articulati* (li) /Ch/ 2n = 27 RR

POLYGALACEAE

Polygala nicaeensis Koch subsp. **corsica** (Boreau) Graebner — Les populations corses constituent un var. endémique (var. *corsica*) distinct du var. *italiana* Chodat d'Italie du Nord (Riviera). [End. Co-Italie du Nord d'orig. Euryméd.] *Tuberarion, Cistion, Carlinetea macrocephalae* (tm ME SM mo) /H/ 2n = 34

POLYGONACEAE

Polygonum scoparium Loisel — N5: 608. [End. Co-Sa d'orig. Euras.] *Cakiletea maritimae* (LI ri1 tm me) /NP/Ch/ 2n = 20

Rumex scutatus var. **insularis** Briq. — La valeur de ce taxon serait à étudier, voir Briquet, *Prodr. Fl. Corse* 1: 445, 1910. [End. Co d'orig. Oro-S-Europ.] *Arrhenatherion sardoi* (sa) /H/Ch/ RR

RANUNCULACEAE

* **Aconitum napellus** L. subsp. **corsicum** (Gáyer) W. Seitz — [End. Co d'orig. Euras.] *Cymbalarion hepaticifoliae, Doronicion corsici* (ri2 ri3 MO sa) /G/H/ 2n = 32 LOC

Aquilegia bernardii Gren. & Godron — [End. Co d'orig. Oro-Europ.] *Potentillion crassinerviae* (sm MO OR SA al) /H/ 2n = 14

Aquilegia dumeticola Jordan (= *A. vulgaris* auct.) — [End. Co-Italie d'orig. Paléotemp.] *Querco-Fagetea* (me SM MO) /H/

Aquilegia litardierei Briq. (= *A. bernardii* var. *minor* Litard.) — Voir Gamisans, N1: 46 & N5: 611. Le statut taxonomique reste incertain pour cette plante. [End. Co d'orig. Oro-Europ.] *Bellidio-Bellion* (sa) /H/ RR

* **Delphinium pictum** Willd. subsp. **pictum** (= *D. pictum* var. *muscodorum* (Mutel) Briq.) — N6: 296. [End. Co-Sa-Baléares-Italie d'orig. Sténoméd.] *Chenopodietalia muralis* (li tm me) /H/ R

Helleborus lividus Aiton subsp. **corsicus** (Briq.) P. Fourn. (≡ *H. trifolius* Miller subsp. *corsicus* Briq. = *H. argutifolius* Viv.) — [End. Co-Sa d'orig. Méd-Mont.] *Querco-Fagetea, Quercetea ilicis, Carlinetea macrocephalae, Betulo-Adenostyletea* (me SM MO or sa) /H/ 2n = 32

Pulsatilla alpina (L.) Delarbre subsp. **cyrnea** Gamisans — Voir Gamisans, *Candollea* 32: 58, 1977. Ce taxon est peut-être à rapprocher du subsp. *alba* Reichenb. [End. Co d'orig. Oro-Europ.] *Festuco-Phyteumetum serrati, Cymbalarion* (mo OR SA AL) /H/

Ranunculus clethrophilus Litard. (= *R. geraniifolius* Pourret var. *aurimontanus* Briq.) — N5: 612. [End. Co d'orig. Oro-Europ.] *Geo-Phleetum, Alnetum suaveolentis* (sa al) /H/ R

Ranunculus cordiger Viv. subsp. **cordiger** — Outre le subsp. *cordiger*, Arrigoni (*Boll. Soc. Sarda Sci. Nat.* 22: 281, 1983) signale aussi en Corse (sans précision de localités) le subsp. *diffusus* (Moris) Arrigoni, taxon que nous n'avons jamais observé. [End. Co-Sa d'orig. Méd-Mont.] *Carici-Ranunculetum cordigeri, Bellidio-Bellion* (MO SA) /H/

Ranunculus elisae Gamisans — Agamo-espèce de l'agrégat du *R. auricomus*, récemment décrite, voir Gamisans, C24. [End. Co d'orig. Centr-Europ.] *Carici-Ranunculetum cordigeri saginetosum* (mo) /H/ RR

Ranunculus marschlinsii Steudel — [End. Co d'orig. Méd-Mont.] *Saxifrago-Ranunculetum marschlinsii* (mo SA AL) /H/ 2n = 16

* **Ranunculus revelierei** Boreau — Le subsp. *rodiei* des Maures ne semble pouvoir être distingué de la plante corse (subsp. *revelierei*) selon Litardière (*Bull. Soc. Bot. France* 83: 500-502, 1936) ; voir aussi N7: 206, N9: 553. [End. Co-Maures d'orig. Euryméd.] *Isoetion* (RI1 tm me sm) /T/ 2n = 32 LOC

Ranunculus sylviae Gamisans (= *R. nemorosus* auct.) — Taxon de l'agrégat du *R. polyanthemos*, récemment décrit, voir Gamisans: C24. [End. Co d'orig. Europ-Sud] *Carici-Ranunculetum cordigeri saginetosum* (mo) /H/ RR

ROSACEAE

Alchemilla alpina L. var. **transiens** (Buser) Camus f. **corsica** (Buser) Buser — [End. Co d'orig. Eurosib.] *Geo-Phleetum, Sedo-Phleion* (mo SA AL) /H/ 2n = 120-130

Amelanchier ovalis Medicus var. **rhamnoides** (Litard.) Briq. — Cet amélanchier est rupicole en Corse et il est difficile de savoir si le var. *rhamnoides* correspond à une accommodation au milieu ou à un taxon génétiquement distinct. [End. Co d'orig. Méd-Mont.] *Festuco-Phyteumetum serrati* (sm MO OR SA al) /NP/

Potentilla anglica Laicharding

subsp. **nesogenes** (Briq.) Gamisans (≡ *P. procumbens* Sibth. subsp. *nesogenes* Briq.) — [End. Co d'orig. Euras.] *Bellidio-Bellion* (ri1 ri2 ri3 sm MO SA) /H/ 2n = 28

Potentilla crassinervia Viv. — [End. Co-Sa d'orig. Méd-Mont.] *Potentillion crassinerviae* (sm MO OR SA AL) /H/Ch/ 2n = 14

Potentilla rupestris L. var. **pygmaea** Duby (= *P. corsica* Lehm.) — [End. Co-Sa d'orig. Boréal] *Berberido-Genistetum, Carlinetea macrocephalae* (sm MO OR) /H/

Sanguisorba minor Scop. subsp. **minor** var. **insularis** Briq. — [End. Co d'orig. Euras.] *Cistion, Carlinetea macrocephalae* (me SM MO) /H/

Sorbus aucuparia L. subsp. **praemorsa** (Guss.) Nyman — [End. Co-Calabre-Sicile d'orig. Euras.] *Alnetum suaveolentis, Fagetalia* (MO SA) /P/

RUBIACEAE

Galium bernardii Gren. & Godron — [End. Co-Sicile-Italie méridionale d'orig. Sténoméd.] *Tuberarion, Teucrion mari, Helichryso-Cistetum, Carlinetea macrocephalae* (ME SM mo) /H/

Galium cometerhizon Lapeyr. — [End. Co-Pyrénées d'orig. Oro-Europ.] *Festuco-Galietum cometerhizi* (al) /H/Ch/ RR

Galium corsicum Sprengel (≡ *G. rubrum* L. subsp. *corsicum* (Sprengel) Rouy & Camus) — [End. Co-Sa d'orig. Oro-Europ.] *Asplenietea rupestria, Carlinetea macrocephalae, Saginetea piliferae* (me sm MO OR sa al) /H/ 2n = 22, 44

Galium verrucosum Hudson var. **halophilum** (Ponzo) Natali & Jeanmonod — Taxon récemment mis en évidence en Corse, voir C6, N5: 616. [End. Co-Sa-Elbe-Sicile d'orig. Sténoméd.] *Crithmo-Limonietea, Malcolmietalia, Ammophiletea* (LI me) /T/ 2n = 22

Rubia peregrina L. subsp. **requienii** (Duby) Cardona & Sierra-Ràfols — Voir Cardona & Sierra-Ràfols, *Anales Jard. Bot. Madrid* 37/2: 57, 1981. [End. Co-Sa-Capri-Italie méridionale d'orig. Sténoméd.] *Quercetea ilicis, Querco-Fagetea* (li me SM mo) /NP/Ch/

RUTACEAE

Ruta corsica DC. — [End. Co-Sa d'orig. Méd-Mont.] *Berberido-Genistetum, Paronychio-Armerietum* (sm MO or) /Ch/NP/ 2n = 18 (2n = 36 en Sa)

SALICACEAE

Salix apennina A. Skortsov — Est signalé dubitativement en Corse par Kerguélen (*Index Syn. Fl. France*: 158, 1993 et Lejeunia n. ser. 120: 154, 1987) d'après Vivant. [End. Co?-Italie] (?) /P/ ?

SANTALACEAE

Thesium corsalpinum Hendrych (= *T. ramosum* var. *leve* sensu Briq. non Sommier) — Voir Gamisans, *Candollea* 28: 56, 1973. [End. Co d'orig. Eurosib.] *Berberido-Genistetum, Cymbalarion, Saginetea piliferae* (MO SA or) /H/

Thesium kyrnosum Hendrych (= *T. italicum* sensu Briq. non A. DC.) — Voir Gamisans, *Candollea* 28: 56, 1973. [End. Co d'orig. Méd-Mont.] *Carlinetea macrocephalae, Paronychio-Armerietum genistetosum* (sm MO or) /H/

SAXIFRAGACEAE

Saxifraga corsica (Duby) Gren. & Godron (≡ *S. granulata* L. var. *corsica* Duby) — [End. Co-Sa d'orig. Atlant.] *Asplenietea rupestria, Carlinetea macrocephalae* (ME SM mo) /H/ 2n = 52

Saxifraga pedemontana All. subsp. **cervicornis** (Viv.) Engler — [End. Co-Sa d'orig. Oro-Europ.] *Arrhenatherion sardoi, Potentillion crassinerviae, Doronico-Oxyrietum digynae* (SM MO OR SA AL) /Ch/ 2n = 26

Saxifraga rotundifolia L. var. **insularis** Briq. — [End. Co d'orig. Euras.] *Fagetalia, Doronicion corsici, Cymbalarion* (mo SA) /H/

SCROPHULARIACEAE

Anarrhinum corsicum Jordan & Fourr. — [End. Co d'orig. Euryméd.] *Helichryso-Cistetum, Carlinetea marocephalae* (me SM mo) /H/ 2n = 18

Chaenorrhinum minus (L.) Lange subsp. **pseudorubrifolium** Gamisans — [End. Co d'orig. Euryméd.] *Arrhenatherion sardoi, Helichryso-Genistetum* (sm) /T/ RR

Cymbalaria aequitriloba (Viv.) A. Cheval. subsp. **aequitriloba** (Viv.) Sprengel (incl. subsp. *insularis* Rouy) — C27: 572. [End. Co-Sa-Baléares-Capraia-Montecristo d'orig. Euryméd-N] *Cymbalarietum aquitrilobae, Asplenietea rupestria* (li tm ME SM mo) /Ch/H/ 2n = 56

Cymbalaria hepaticifolia (Poiret) Wettst. (≡ *Linaria hepaticifolia* (Poiret) Steudel) — [End. Co d'orig. Méd-Mont.] *Cymbalarion hepaticifoliae, Fagetalia* (sm mo SA or) /Ch/H/ 2n = 56

Euphrasia nana (Rouy) Prain (= *E. salisburgensis* Funck subsp. *corsica* (Chab.) Gamisans = *E. genargentea* (Feoli) Diana Corrias) — [End. Co-Sa d'orig. Oro-S-Europ.] *Sagino-Caricetum, Saginetea piliferae* (mo or SA AL) /T/

* **Linaria flava** (Poiret) Desf. subsp. **sardoa** (Sommier) A. Terracc. (= *L. corsica* Fiori) — Pour la nomenclature, voir Soldano, *Nat. Bresciana* 27: 55, 1992. [End. Co-Sa d'orig. Sténoméd.] *Malcolmietalia, Tuberarietea guttatae* (li) /T/ R

Odontites corsicus (Loisel) G. Don fil. — [End. Co d'orig. Méd-Mont.] *Anthyllion hermanniae, Paronychio-Armerietum* (sm MO OR) /T/

Scrophularia canina L. var. **deschatresii** Gamisans — [End. Co d'orig. Euryméd.] *Helichryso-Genistetum* sur serpentines (me sm) /Ch/ RR

Scrophularia oblongifolia Loisel subsp. **oblongifolia** — La mise en synonymie de *S. oblongifolia* Loisel. avec *S. auriculata* (sub *S. aquatica*) par Nyman (1881) a été le point de départ de confusions ; de même, la synonymie de ce taxon avec *S. lyrata* Willd. par Grau est erronée. [End. Co-Sa d'orig. euras.] *Caricion microcarpae, Doronicion corsici* (RI1 RI2 RI3 mo sa) /H/

Scrophularia trifoliata L. var. **trifoliata** — [End. Co-Sa-Gorgona-Montecristo d'orig. Sténoméd.] *Nerio-Tamaricetea, Querco-Fagetea, Caricion microcarpae, Stellarietea mediae, Parietarietalia, Adiantetea* (tm ME SM mo) /H/ 2n = 84 (2n = 58 en Sa)

Scrophularia trifoliata var. **integrifolia** Gamisans — [End. Co d'orig. Sténoméd.] *Querco-Fagetea, Stellarietea mediae, Parietarietalia* (me sm mo) /H/ RR

* **Verbascum conocarpum** Moris subsp. **conocarpum** (≡ *V. rotundifolium* Ten. subsp. *conocarpum* (Moris) I. K. Ferguson) — [End. Co-Sa-Montecristo d'orig. Méd-Mont.] *Helichryso-Cistetum* (me) /H/ RR

* **Verbascum conocarpum** subsp. **conradiae** Jeanmonod — [End. Co d'orig. Méd-Mont.] *Arrhenatherion sardoi, Berberido-Genistetum, Paronychio-Armerietum* (MO or) /H/

Veronica hederifolia L. subsp. **insularis** Gamisans — [End. Co d'orig. Euras.] *Stellarietea mediae, Querco-Fagetea* (me SM MO) /T/

Veronica repens DC. var. **repens** — En Sierra Nevada et sur l'Atlas, cette espèce est représentée par le var. *nevadensis* Litard. & Maire, également endémique de ces massifs. [End. Co d'orig. Med.-Mont.] *Bellidio-Bellion nivali, Danthonion, Saxifrago-Ranunculetum marschlinsii, Sedo-Phleion* (MO SA al) /H/ 2n = 14

Veronica verna L. subsp. **brevistyla** (Moris) Rouy (= *V. verna* var. *revelieri* Briq.) — [End. Co-Sa d'orig. Euras.] *Carlinetea macrocephalae, Saginetea piliferae, Malcolmietalia* (me MO OR SA) /T/ 2n = 16

THYMELAEACEAE

* **Thymelaea tartonraira** (L.) All. subsp. **thomasii** (Duby) Arcangeli. — Voir Deschâtres, N2: 82. Pour la nomenclature, voir Soldano, *Nat. Bresciana* 27: 53, 1992. [End. Co d'orig. Sténoméd.] *Helichryso-Cistetum* (me) /NP/Ch/ 2n = 18 RR

URTICACEAE

Soleirolia soleirolii (Req.) Dandy (≡ *Helxine soleirolii* Req.) — N9: 562. [End. Co-Sa-Baléares-Italie d'orig. Sténoméd.] *Adiantetea* (ME) /H/ 2n = 20

Urtica atrovirens Loisel. — [End. Co-Sa-Baléares-Elbe-Capraia-Toscane d'orig. Sténoméd.] *Chenopodietalia muralis* (tm ME SM) /H/ 2n = 26

VALERIANACEAE

* **Centranthus trinervis** (Viv.) Bég. (= *C. nervosus* Moris) — [End. Co-Sa d'orig. Sténoméd.] *Dianthо siculi-Asplenietum billotii* (tm) /Ch/H/ 2n = 28 RR

Valeriana rotundifolia Vill. var. **rotundifolia** (= *V. montana* auct. cors.) — Le groupe *V. montana* est essentiellement représenté en Corse par ce taxon silicicole (alors que *V. montana* L. et *V. tripteris* L. sont plutôt calcicoles). Voir Gamisans, *Candollea* 26: 348-352, 1971, et *Candollea* 28: 1973. [End. Co-Alpes occid.? d'orig. Oro-Europ.] *Cymbalarion hepaticifoliae, Fagetalia* (mo SA AL) /H/

Valeriana rotundifolia var. **tripartita** Gamisans (= *V. tripteris* auct. cors. non L.) — Voir Gamisans, l.c. [End. Co-Alpes occid.? d'orig. Oro-Europ.] *Cymbalarion hepaticifoliae* (mo sa) /H/ RR

VIOLACEAE

Viola argenteria Moraldo & Forneris (= *V. nummulariifolia* All. non Vill.) — Pour la nomenclature, voir Moraldo & Forneris, *Allionia* 28: 51-59, 1988. [End. Co-Alpes maritimes d'orig. Oro-Europ.] *Doronico-Oxyrietum digynae* (sa AL) /H/ 2n = 14

Viola corsica Nyman subsp. **corsica** — [End. Co d'orig. Oro-Europ.] *Genisto-Alyssetum robertiani, Carlinetea macrocephalae* (me SM) /H/ 2n = 104 [2n = 52 pour les subsp. *ilvensis* (Elbe) et *limbarae* (Sa)] LOC

ENDÉMIQUES HYBRIDES

Les hybrides endémiques représentent un ensemble de 18 taxons, la plupart connus seulement en Corse, quelques-uns aussi en Sardaigne ou aux Baléares.

Asplenium x **cyrnosardoum** Rasbach, Vida & Reichst. (*A. obovatum* subsp. *lanceolatum* x subsp. *obovatum*) — Voir Badré & Deschâtres, *Candollea* 34: 383, 1979. *Diantho siculi-Asplenietum billotii* (li tm me) /H/ RR

Asplenium x **trojani** Litard. (*A. adiantum-nigrum* x *A. obovatum* subsp. *lanceolatum*) — Voir Badré & Deschâtres, *Candollea* 34: 383, 1979. Hybride très proche de l'*A. sarniense* A. Sleep. (Deschâtres in litt.). *Sedo-Dianthetum* (me) /H/ RR

Ceterach officinarum x **Phyllitis sagittata** (*Asplenium* x *dutartrei* Berthet) — Voir Berthet, *Bull. Mens. Soc. Linn. Lyon* 50: 250, 1981. *Diantho siculi-Asplenietum billotii* (tm) /H/ RR

Dryopteris x **sardoa** Fraser-Jenkins & Reichst. (*D. oreades* x *D. tyrrhena*) — Voir Deschâtres, N2: 26. *Asplenietea rupestria* (tm ri2) /G/ 2n = 123 RR

Cheilanthes x **insularis** Rasbach & Reichst. (*C. guanchica* x *C. tinaei*) — Signalé à Portu, voir Badré & al., *Webbia* 36: 1, 1982. *Phagnalo-Cheilanthion* (me) /H/ RR

Ophrys x **heraultii** Schrenk (*O. vernixia* subsp. *ciliata* x *O. tenthredinifera*) — Voir Bosc & al., N1: 15. *Thero-Brachypodion* (tm) /G/ RR

Ophrys incubacea x **O. morisii** — Voir Engel & Mark, N4: 355. *Thero-Brachypodion* (tm) /G/ RR

Ophrys morisii x **O. tenthredinifera** — Voir Engel, *Orchidophile*

80: 34, 1988. *Thero-Brachypodion* (tm) /G/ RR

Orchis x **grazianiae** Conrad (*O. morio* x *O. pauciflora*) — Voir Conrad, Monde Pl. 399: 5, 1979. (me) /G/ RR

Alnus x **elliptica** Req. (*A. cordata* x *A. glutinosa*) — Voir Lambinon & Gamisans, N6: 284. *Hyperico-Alnetum* (ri1 ri2) /P/ RR

Draba x **lattinicciae** Gamisans (*D. loiseleurii* x *D. dubia*) — Voir Gamisans, *Candollea* 26: 336-339, 1971. [End. Co d'orig. Oro-Europ.] *Asplenio-Drabetum dubiae, Acino-Leucanthemopsidetum* (al) /Ch/ RR

Centaurium x **litardierei** Ronniger (*C. erythraea* x *C. tenuiflorum*) — Signalé à la Marine de Bussaghja; voir Zeltner (l.c.: 118). *Saginetea maritimae* (li) /T/H/ RR

Lamium garganicum L. nothosubsp. **conradiae** (Bosc) Kerguélen (= *L.* x *conradiae* Bosc = *L. garganicum* subsp. *longiflorum* x *L. garganicum* subsp. *corsicum*) — Hybride récemment décrit, N1: 59, N2: 72. Pour la nomenclature voir Kerguélen, *Index Syn. Fl. France*: XIV, 1993. [End. Co] *Berberido-Genistetum* (mo) /H/ RR

Mentha x **cyrnaea** Litard. (*M.* x *piperita* x *M. suaveolens* subsp. *insularis*) — Ne semble plus avoir été observé depuis Debeaux (*Rev. Bot. Bull. Mens.* 12: 222, 1894). (ri1?) /H/ D?

Sorbus x **thuringiaca** (Ilse) Fritsch nothosubsp. **boscii** (Gamisans) Lambinon & Kerguélen (= *S. aria* x *S. aucuparia* subsp. *praemorsa*) — Voir N1: 49 et N3: 406. *Alnetum suaveolentis* (mo sa) /P/ RR

Saxifraga x **conradiae** J. Prudhomme (= *S. corsica* x *S. pedemontana* subsp. *cervicornis*) — Voir Prudhomme, C7. *Asplenietea rupestria* (sm) /Ch/ RR

Sempervivum montanum x **S. arachnoideum** 2n = 64

Thymelaea x **conradiae** Aboucaya & Médail (*T. hirsuta* x *T. tartonraira* subsp. *tartonraira*) — Récemment décrite, voir C28. *Thymelaeo-Helichrysetum* (li me) /NP/ 2n = 27 RR

Viola corsica x **V. arvensis** — Voir Conrad, N1: 51. *Alysso-Genistetum* (sm) /H/ RR

INDEX ALPHABÉTIQUE DES PLANTES ENDÉMIQUES

Index des noms latins

Index des noms corses

Index des noms français

(espèces illustrées seulement)

RÉFÉRENCES BIBLIOGRAPHIQUES

1. Aboucaya, A. (1989). *La flore des îles d'Hyères. Etude des rapports phytogéographiques et biosystématiques avec les Maures et la Corse.* Thèse. Univ. Aix-Marseille III.

2. Arrigoni, P.V. & S. Diana (1993). Contribution à l'étude du genre Limonium en Corse. *Candollea* 48 : 631-677.

3. Badré, F., R. Deschâtres & J. Gamisans (1986). Les Ptéridophytes de la Corse. *Bull. Mus. Nat. Hist. Nat. (Paris), Sect. B, Adansonia* 4 : 423-461.

4. Bocquet, G., B. Widler & H. Kiefer (1978). The Messinian Model. A new outlook for the floristics and systematics of the Mediterranean area. *Candollea* 33 (2) : 269-287.

5. Braun-Blanquet, J. (1926). Histoire du peuplement de la Corse : les Phanérogames. *Bull. Soc. Sci. Hist. Nat. Corse* 45 ("1925") (473-476) : 237-245.

6. Briquet, J. (1901). Recherches sur la flore des montagnes de la Corse et ses origines. *Annuaire Conserv. Jard. Bot. Genève* 5 : 12-119.

7. Briquet, J. (1910). *Prodrome de la flore corse.* Vol. 1. H. Georg, Genève, Bâle et Lyon.

8. Briquet, J. (1913). *Prodrome de la flore corse.* Vol. 2/1. H. Georg, Genève, Bâle et Lyon.

9. Conrad, M. (1974-1987). *Flora corsicana iconographia*, fasc. 1-11. Éd. A.P.E.E.M. Bastia.

10. Conrad, M. (1982). *Les plantes sauvages dans la vie quotidienne des Corses. Essai d'ethnobotanique.* Bastia.

11. Contandriopoulos, J. (1962). Recherches sur la flore endémique de la Corse et sur ses origines. *Annales Fac. Sci. Marseille* 32 : 1-351.

12. Contandriopoulos, J. (1964). Recherches sur la flore endémique de la Corse et sur ses origines (II). *Rev. Gén. Bot.* 71 : 361-384.

13. Contandriopoulos, J. (1981). Endémisme et origine de la flore de la Corse : mise au point des connaissances actuelles. *Boll. Soc. Sarda Sci. Nat.* 20 : 187-230.

14. Contandriopoulos, J. (1991). Quelques réflexions à propos de l'endémisme insulaire (La Corse). Méthodes de travail. *Polish Bot. Stud.* 2 : 39-59.

15. Contandriopoulos, J. & J. Gamisans (1975). À propos de l'élément arctico-alpin de la flore corse. *Bull. Soc. Bot. France,* 121 : 175-204, "1974".

16. Favarger, C. (1975). Cytotaxonomie et histoire de la flore orophile des Alpes et de quelques autres massifs montagneux d'Europe. *Lejeunia*, nov. ser. 77 : 1-45.

17. Gamisans, J. (1975). *La végétation des montagnes corses.* Thèse de doctorat d'État ès-sciences : 295 p., 22 fig., 42 tabl., Marseille (C.N.R.S. AO 1388).

18. Gamisans, J. (1976-1978). La végétation des montagnes corses. I, *Phytocoenologia* 3 (4) : 425-498, 1976 ; II, *Phytocoenologia* 4 (1) : 35-131, 1977 ; III, *Phytocoenologia* 4 (2) : 133-179, 1977 ; IV, *Phytocoenologia* 4 (3) : 317-376, 1977 ; V, *Phytocoenologia* 4 (4) : 377-432, 1978.

19. Gamisans, J. (1981). La montagne corse : une montagne subméditerranéenne marquée par l'endémisme. *Anales Jard. Bot. Madrid* 37 (2) : 315-319.

20. Gamisans, J. (1985). *Catalogue des plantes vasculaires de la Corse.* Parc naturel régional de la Corse, Ajaccio.

21. Gamisans, J. (1988). *Plantaginaceae,* in Compléments au *Prodrome de la flore corse.* Éd. Conservatoire et Jardin botaniques, Genève. 56 p.

22. Gamisans, J. (1991). *La végétation de la Corse,* in Compléments au *Prodrome de la flore corse,* Annexe 2. Éd. Conservatoire et Jardin botaniques, Genève. 391 p.

23. Gamisans, J., A. Aboucaya, C. Antoine & L. Olivier (1985). Quelques données numériques et chorologiques sur la flore vasculaire de la Corse. *Candollea* 40 : 571-582.

24. Gamisans, J. & D. Jeanmonod (1987). *Campanulaceae,* in Compléments au *Prodrome de la flore corse.* Éd. Conservatoire et Jardin botaniques, Genève. 43 p.

25. Gamisans, J. & D. Jeanmonod (1993). *Catalogue des plantes vasculaires de la Corse (éd. 2),* in Compléments au *Prodrome de la flore corse.* Éd. Conservatoire et Jardin botaniques, Genève. 258 p.

26. Gamisans, J., A. Fridlender, J. Moret & D. Jeanmonod (1994). Les espèces du genre *Romulea* en Corse. *Candollea* 49 : 509-526. Genève.

27. Gamisans, J. & D. Jeanmonod (1995). La flore de Corse : bilan des connaissances, intérêt patrimonial et état de conservation. *Ecologia Medit.* 21 : 135-148.

28. Haussmann, F.-H. (1985). Eine Orchideenreise durch Korsika im Frühjahr 1980. *Ber. Arbeitskr. Heim. Orchideen* 2/1 : 110-132.

29. Jeanmonod, D. (1988). *Dipsacaceae,* in Compléments au *Prodrome de la flore corse.* Éd. Conservatoire et Jardin botaniques, Genève. 40 p.

30. Jeanmonod, D. (1989). *Lentibulariaceae,* in Compléments au *Prodrome de la flore corse*. Éd. Conservatoire et Jardin botaniques, Genève. 18 p.

31. JEANMONOD, D., G. BOCQUET & H. M. BURDET (éds.) (1986). Notes et contributions à la flore de Corse. *Candollea* 41 : 1-61.

32. JEANMONOD, D. & H. M. BURDET (éds.) (1987-1994). Notes et contributions à la flore de Corse, II, *Candollea* 42 : 25-95, 1987 ; III, *Candollea* 43 : 335-408, 1988 ; IV, *Candollea* 44 : 337-401, 1989 ; V, *Candollea* 44 : 575-637, 1989 ; VI, *Candollea* 45 : 261-340, 1990 ; VII, *Candollea* 46 : 175-226, 1991 ; VIII, *Candollea* 47 : 267-318, 1992 ; IX, *Candollea* 48 : 525-591, 1993 ; X, *Candollea* 49 : 571-612, 1994.

33. JEANMONOD, D. & J. GAMISANS (1992). *Scrophulariaceae,* in Compléments au *Prodrome de la flore corse*. Éd. Conservatoire et Jardin botaniques, Genève. 232 p.

34. LITARDIERE, R. de, in J. BRIQUET (1936). *Prodrome de la flore corse.* Vol. 2/2. Paul Lechevalier, Paris.

35. LITARDIERE, R. de, in J. BRIQUET (1938). *Prodrome de la flore corse.* Vol. 3/1. Paul Lechevalier, Paris.

36. LITARDIERE, R. de, in J. BRIQUET (1955). *Prodrome de la flore corse.* Vol. 3/2. Paul Lechevalier, Paris.

37. PIGNATTI, S. (1982). *Flora d'Italia*. Vol. 1, 2, 3. Edagricole, Bologna.

38. REILLE, M. (1975). *Contribution pollenanalytique à l'histoire de la végétation tardiglaciaire et holocène de la montagne corse.* Thèse de doctorat d'État ès-sciences, Marseille.

39. REILLE, M. (1988). Recherches pollenanalytiques sur le littoral occidental de la Corse, région de Galeria : la place naturelle d'Erica arborea et de Quercus ilex. *Trav. Sci. Parc. Nat. Reg. Reserv. Nat. Corse* 18 : 53-75.

40. SIMI, P. (1964). Le climat de la Corse. *Min. Educ. Nat. Com. Trav. Hist. Sci. Bull. Sect. Géogr.* 76 : 1-122.

41. VERLAQUE, R., J. CONTANDRIOPOULOS & A. ABOUCAYA (1993). Recherches cyto-biogéographiques sur quelques taxons rares ou endémiques de Corse : I. *Candollea* 48 : 562-576.

42. VERLAQUE, R., J. CONTANDRIOPOULOS & A. ABOUCAYA (1995). Cytotaxonomie et conservation de la flore insulaire : les espèces endémiques ou rares de Corse. : *Ecologia Médit.* 21 : 257-268.

43. WESTPHAL, M., M. ORSINI & P. VELLUTINI (1976). Le microcontinent corso-sarde, sa position initiale : données paléomagnétiques et raccords géologiques. *Tectonophysics* 30 : 141-157.

TABLE DES MATIÈRES

Achevé d'imprimer en mai 2000
Dépôt légal 2e trimestre 2000

Imprimé en C.E.E.